让后进生学习有后劲之36计

RANG HOUJINSHENG XUEXI YOU HOUJIN ZHI SANSHILIU JI

严育洪 黄荣德 著

江苏凤凰教育出版社
Phoenix Education Publishing, Ltd

图书在版编目（CIP）数据

让后进生学习有后劲之36计/严育洪，黄荣德著.
—南京：江苏凤凰教育出版社，2016.6

ISBN 978-7-5499-5850-4

Ⅰ.①让… Ⅱ.①严… ②黄… Ⅲ.①后进生—教育
—中小学 Ⅳ.①G635.5

中国版本图书馆CIP数据核字（2016）第131670号

书　　名	让后进生学习有后劲之36计
作　　者	严育洪　黄荣德
责任编辑	雷利军　张晓兰
封面设计	天之赋设计室
出版发行	凤凰出版传媒股份有限公司
	江苏凤凰教育出版社（南京市湖南路1号A楼　邮编210009）
苏教网址	http：//www.1088.com.cn
照　　排	北京世纪鸿文制版技术有限公司
印　　刷	三河市九洲财鑫印刷有限公司
厂　　址	河北省三河市灵山大口
开　　本	787毫米×1092毫米　1/16
印　　张	11.75
字　　数	186千字
版　　次	2017年3月第1版　2017年3月第1次印刷
书　　号	ISBN 978-7-5499-5850-4
定　　价	30.00元
网店地址	http：//jsfhjycbs.tmall.com
邮购电话	025-85406265，85400774　短信　02585420909
E - mail	jsep@vip.163.com
盗版举报	025-83658579

前言 preface

苏联著名教育家赞科夫说："漂亮的孩子人人都爱，而爱不漂亮的孩子才是真正的爱。"讨教师喜欢的学生大多是学习成绩"漂亮"的好孩子、乖孩子。确实，在现实中，教师爱学优生容易，爱后进生难。

后进生之所以常常让教师感到难爱，是因为他们常常让教师感到难受、难教。有人说，好学生、乖学生谁不会教？让后进生学习有后劲才算老师有本事。确实，很多教师之所以教得苦、教得累，就是因为面对后进生常常无计可施，于是教育常常因后进生问题遇到困难。

实际上，让后进生变好的教育方法有很多，需要我们不断去尝试，去选择，去调整，去创造。

童话大王郑渊洁说，"坏老师"用一种方法教育四十个学生，"好老师"用四十种方法教育一个学生。他告诉我们，好的教育、好的教师不能只有一种教育学生的方法，特别是对后进生，教师要能灵活运用多种方法，这样在面对多种多样的学生或一个学生多种多样的表现的时候，才不会感到无奈和无助。

本书所谈的"后进生"更多的是指由于后天原因致使其品德行为、心理倾向等非智力因素形成偏差或学习成绩差的学生，其表现大致有以下几种。

一是"恨"。这种学生常恨自己笨，不成器。他们不是没有拼搏过、奋斗过，却一次又一次尝到失败的"苦果"，于是他们动摇了，退却了，丧失了自信，产生了自卑。

二是"混"。这种学生往往因家庭状况较好而无紧迫感，看到别人刻苦学习觉得不值得，只求快乐、开心。

三是“悔”。这种学生，对以往由于自身的所作所为而造成的某方面“差”的状况十分后悔，为目前差人甚远而担忧，为找不到正确的方向而彷徨。

四是“灰”。这种学生自暴自弃，逆反心理较强，他们认为自己在思想品德或学习方面的“差”已是积重难返，而且在老师和同学眼中他们已经是“差生”，所以认为即使自己努力，也不见得有什么用，他们缺乏前进的动力和目标。

五是“毁”。这种学生往往因为受到老师的批评而恼怒，或因受到误解而形成一种扭曲的心理，于是产生一种想毁掉自己或毁掉别人的念头。

当然，在实际表现中，这些情绪往往交织在一起，有的是半“悔”半“恨”，有的是既“灰”又“混”，有的是由“恨”而“灰”而“毁”，多种多样。由此可见，后进生的心理都很复杂，概括起来主要有以下几个特点。

一是很自卑又特自尊。绝大多数后进生因为学习成绩不佳，在经历了太多的挫折、失败后，容易产生一种对自我能力的怀疑和低估的心理，往往认为自己不行，别人也看不起自己，于是在同学、教师和家长面前，总觉得低人一等，抬不起头来，自卑感很强。但是，他们对周围的人和事又很敏感，唯恐别人会嘲讽或羞辱自己，所以极力维护自己的尊严而不容他人侵犯。

二是重感情又易偏激。后进生在学习中常会遭到教师的批评、同学的指点、家长的责骂，长期生活在一种被忽视的环境中，较少得到别人的关爱。所以一旦有人对他们倾注了爱心，他们会倍加珍惜和感激。同时，他们对外界又很敏感，如果有人有意或无意伤害了他们，他们就会像刺猬一样伸开周身的刺，轻则不合作，重则对抗甚至做出一些过激行为。

三是可感化又易反复。绝大多数后进生并非“朽木不可雕也”，他们的内心深处也有求上进的愿望，也在不断做出努力，只要教师引导得法，他们就会振作精神、奋力拼搏。但是后进生往往自制力差，意志不够坚定，信心不足，因此在转化过程中常会反复，些许挫折和困难都可能让他们动摇，知难而退。

由此可见，后进生是矛盾的统一体，有着消极的一面，也有着积极的一面。所以，有人对后进生的定义做了这样一种乐观的解释：后进生就是后来进步的学生。

所以，我们对后进生不能存在偏见，而应善待他们，慢慢引导他们并等待他们改变。对于后进生，不管教师采用何种教育策略，都应注重三个“修”。

一是修补情感。陶行知先生说：“谁不爱学生，谁就不能教育好学生。”他告诉我们，在教育教学中，爱是前提。当后进生体验到教师对自己的爱心和殷切期望时，会变得“亲其师而信其道”，教育策略才会真正起作用。

二是修正态度。后进生对学习往往已经形成了自己的态度，或者不感兴趣或者非常厌恶，如果任其发展，只会让他们越来越差，所以，在众多教育策略中，转变后进生的学习态度最为关键。

三是“修缮”方法。除了态度问题，许多后进生之所以学习上后进，根源在于学习方法不正确。此时，教师要教给后进生一些科学的学习方法，使他们学会表达，学会探究，学会合作，学会记忆，学会学习。

世界上没有两片完全相同的叶子，每个教师遇到的后进生情况往往不同，所以说“转化后进生问题是教育中最难的问题”一点儿都不为过。但只要我们积累了足够多的资料，掌握了足够多的教育计策，就不会再无计可施，而是能在融会贯通与触类旁通中寻找到或创造出让“这一个”后进生有后劲的良策和妙计。本书，就是这样一本帮助教师有效转化后进生、让后进生学习有后劲的参考书。

美国教育者科尔·桑德堡说：“世界上只有一名儿童，他的名字就是所有孩子。”的确，一个好教师之所以好，全部奥秘就在于他能像爱学优生那样去爱后进生，把他们看成“一样的孩子”，把他们当作“自己的孩子”。但愿我们的教师都能“做好”教师，并能够做“好教师”。

最后，我想说的是，本书只是一本参考书，不能穷尽所有的教育计策，而且已有的教育计策也不能“包治百病”，还需要广大教师有选择性、创造性地去使用。如果您有什么好的建议和意见，我们可以一起交流，一起完善，谢谢！

严育洪

2016 年 3 月

目录 *contents*

转变后进生态度篇

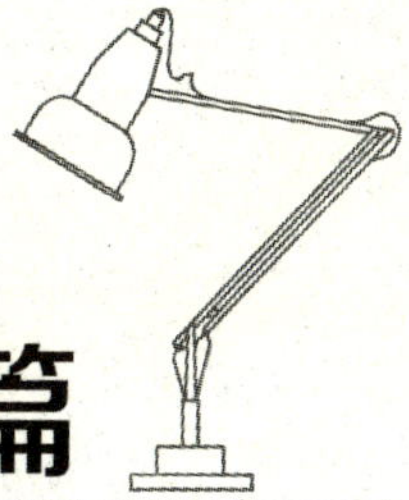

以教师的希望唤起后进生的希望

“爷爷，我长大了也要种西瓜！”一天早上，克奇尔兴致勃勃地说出了他的愿望。爷爷快活地眨了眨眼睛：“那么让我们赶快播种吧！”那个下午，克奇尔不知道跑了多少趟，也不知浇了多少次水，可是，直到傍晚，西瓜一个也没长出来。第二天早晨，克奇尔一醒来就往瓜地跑。咦！一个大大的西瓜正冲着他笑呢！克奇尔兴奋极了！长大后克奇尔才知道这个西瓜是爷爷从家里搬到瓜地里的。然而，克奇尔并不认为这是爷爷哄骗孙子的把戏，他知道这是一个老人在一个不懂事的孩子心中适时播下的一颗希望的种子。

阿里巴巴集团创始人马云曾说过：“今天很残酷，明天更残酷，后天很美好，绝大部分的人死在明天的晚上，看不到后天的太阳！”“看不到后天的太阳”也就是看不到希望。希望是人力求接近自认为有价值的未来事物的一种心理意向，它总是与未来相联系，是个人对自己未来生活的展望。

播下一个希望，收获一种行动；播下一种行动，收获一种习惯；播下一种习惯，收获一种性格；播下一种性格，收获一种命运。在这一连串的良性反应中的“功臣”便是希望。

美国著名演员摩根·弗里曼说：“你不应该向公众推销绝望，他们如果想要绝望，可以免费得到。”我们从事教育工作，直接面向学生，直接参与学生的心灵塑造工作，更应该像摩根·弗里曼所说的那样——不能向学生推销绝望，唯有把希望带给学生，才有利于学生心灵的塑造，才是真正的教育。苏联教育家马卡连柯说：“培养人就是培养他对前途的希望。”我们是否可以这样说：教育，就是给学生以希望。

研究表明，对未来抱有希望的儿童能更好、更恰当地应对生活中的不幸与压力，即使身陷困境，也能及时调整自己的行为，用灵活的方式来摆脱困境，焦虑情绪更少。此外，学生在学校的学业成绩与其希望水平之间具有一定关系，也就是说，希望对学生的学业成绩有一定影响。在此，我想说，希望对后进生更关键。我们永远不要用以下这样的态度对待后进生——

有位母亲，经常当着孩子的面对别人说：“我家孩子只爱听故事，不爱讲故事；爱乱画，不爱写字；胆子大得谁都不怕……”果然，孩子上学后，不愿回答老师的提问，爱自己乱画而不愿写字，常常不顾老师的劝阻与批评破坏课堂纪律。老师和家长都以为他智力水平低下，可智力测验结果表明他的智力正常。最后经专家鉴定，孩子患的是诱导性智愚症，其成因很可能来自他母亲经常性的口头强化。

这个孩子变得“智愚”，正是受到了消极暗示的影响，消极暗示使他对自己的发展越来越感到没有希望。我们应该给予孩子积极的暗示，给予孩子希望。对后进生更是如此，因为他们会表现出更多的“缺点”，并且心理承受能力比较差。

第二次世界大战期间，美国招募了一批人到前线打仗，他们纪律散漫，不听从指挥。后来，美国当局请来心理学家帮助管理，心理学家要这批人每人每月都给家人写一封信。他们很高兴，但都不知该写些什么。于是，心理学家就将信的内容拟好，要他们自己抄一遍。信的内容大概是说自己在前线如何勇敢，如何听指挥和立战功等，每次的内容都基本相似。半年之后，他们竟一个个都变了样，变得像信中说的那样勇敢和守纪律。那么，是什么力量使他们变好了呢？就是那良好愿望的暗示作用。

每个人都需要他人给予积极的关注，成年人尚且如此，更何况孩子呢？学优生如此，更何况后进生呢？大多数后进生的心灵都比较脆弱，经不起希望破灭的打击，容易自暴自弃，所以他们更需要希望。歌德曾说过：“一个人，即使架着的是一只脆弱的小舟，但只要舵掌握在他的手中，他就不会任凭波涛的摆布，而有选择方向的主见。”这把舵就是他们依然怀有的些许希望。

其实，给后进生以希望，不需要教师说太多，有时只需要一个小小的建议，就能起到“星星点灯，照亮前程”的效果。

案 例

刚上高中，文理未分。生物课上，老师正在分发批改完的试卷。我当时交的是白卷，现在已经准备好了承受一通破口大骂或冷嘲热讽，但老师念到我的名字时，什么也没说，只是把卷子递给我。我心想，大概又是一位已经对我放弃了的老师。

我回到座位上，发现试卷上有一行红色的小字：“可能你认为一辈子也用不到这门学科，但我还是建议你了解一下它，也许，你会改变主意。”

我先是诧异，然后有一点儿感动，我觉得可以尝试一下老师给我的建议。后来，我的生物成绩再没有低于过97分。

作为一种良好的心理品质，希望产生于人对自己生活目标的认识以及在实现目标的过程中体验到的积极情绪。该案例让我想到歌手郑智化作词作曲并演唱的一首歌曲《星星点灯》，这首歌是他在车上写成的，在车窗里看到的点点星光（可以理解为“希望”）就是他创作这首歌曲的灵感。人的一生难免会有气馁、彷徨、无助的时候，郑智化创作这首歌曲的目的是希望可以给人以鼓励。其实，教师的希望也可以起到“星星点灯，照亮我的家门，让迷失的孩子，找到来时的路；星星点灯，照亮我的前程，用一点光，温暖孩子的心”的作用，教师就应该像上述案例中的那颗“星星”一样去点亮学生的前程，让后进生看到“天边有颗模糊的星光偷偷探出了头，是你的眼神依旧在远方为我在等候”的期待，从而燃起前进的希望。

除了可以用真挚的语言点亮学生的前程，还可以用一个有意义的物品寄托希望，点亮学生的前程。美国教育工作者玛西亚在一篇叙事散文《一粒珍珠》中讲述了这样一件学校小事，事情虽小却获得极大的效果。故事的梗概是这样的。

18岁的玛西亚就要初中毕业了，她和19位同学被自然科学教师约克先生召集到教室开了一个秘密小会。这20位都是成绩平平，缺乏自信，面对社会感到迷茫的学生。约克先生赠给每一位学生一个小盒子，盒子里有一粒小珍珠，他说："同学们，它代表着你们的潜力——你们要为自己去追求。世界就如你们的牡蛎，把种子放在牡蛎里，它就能长成一颗价值巨大的珍珠。同样，你们每个人内心都拥有一颗伟大的种子。"

听到约克先生充满期望的话语、想到母亲让她上大学的梦想的破灭，泪水打湿了玛西亚的盒子，最终她把珍珠盒子藏进了抽屉里。

17年过去了，玛西亚已经是3个孩子的妈妈了，那粒小小的珍珠却一直伴随着她，呼唤着她的自信，辉映着她自身的价值，引导着她重返学校。她花费了6个月的时间补习，并进入了大学学习。学习的艰难困苦消磨着她的勇气，当她得知约克先生也是30多岁上的大学，并且送他们小珍珠那年是第一年教书时，便重新燃起了斗志，最终完成了大学学业。后来玛西亚也成为一名教师，并和约克先生一起在1990年9月被授予国家教学奖。当记者采访他们师徒俩时，约克先生说他读中学时学业平平，随波逐流，不相信未来，不相信自己。是什么使他转变了呢？"因为看到了别人对我的信任。"当他为人师时，便也把希望和信任给予了别人。

上述故事中，约克先生借助一粒小珍珠成功地转变了一位后进生——玛西亚。此时，这粒珍珠就是一颗希望的种子，最终在玛西亚心里生根发芽、开花结果；此时，约克先生送的珍珠让玛西亚看到了自己也是一颗"珍珠"。希望的能量显现，有时不急在一时——"17年过去了"，而是慢慢地、深深地影响着人的一生——"那粒小小的珍珠却一直伴随着她，呼唤着她的自信"。而这一切，源于约克先生也曾是一位后进生，所以他感同身受。

希望是一种美好的情感，是一切教育的基础。教师首先要给后进生以希望，把希望作为礼物送给后进生，用希望唤起后进生的希望，因为希望是学生自己的，而不应当是被教育预先制订的。教育就是使学生学习希望、学会希望、认识希望、懂得希望。

如果有人问："师者何以为师？"我想，教师就是示以美好，授以希望。可以说，给后进生希望，是更高层的关爱。让我们为学生特别是后进生点燃希望的火把，每天走出校门之际，不妨问问自己："今天给学生希望了吗？"

让可能的预言变成可『能』的现实

1968年，美国心理学家罗森塔尔和雅各布森找来数十位智力中等的小学生，将他们随机分成两组，然后对小学老师谎称：第一组学生属于资优生，第二组学生则没有什么特殊之处。一个学期后，两组学生的智力测验表现都进步了，但第一组学生的进步明显。实验者把这个现象称为“自我实现预言”，因为原本智力表现相当的一群人，却因为老师对他们的期待不同，而有了不同的成长速度。自我实现预言又称皮格马利翁效应。

1852年，屠格涅夫无意间被一个初出茅庐的无名小辈写的小说《童年》所吸引。他几经周折，找到了该书作者的姑母，向她表达了他对作者的欣赏与肯定。姑母很快写信给侄儿：“你的第一篇小说引起了很大的轰动，大名鼎鼎的作家屠格涅夫逢人便称赞你：‘这位青年人如果能继续写下去，前途一定不可限量!’”作者欣喜若狂，他本是因生活苦闷而信笔涂鸦打发心中寂寥的。屠格涅夫的欣赏，竟一下子点燃了他心中的火焰，使他找回了自信和人生的价值，一发不可收拾地写了下去，最终成为著名的艺术家和思想家。他就是列夫·托尔斯泰。

在这个故事中，屠格涅夫可谓伯乐，是他发现了千里马——托尔斯泰，但托尔斯泰的姑母的作用也非常重要，是她及时把屠格涅夫的欣赏略带夸张地转告给了托尔斯泰。一个名人，一个亲人，一起预言的“前途一定不可限量”一下子让列夫·托尔斯泰看到了未来。由此可见，这种美好的预言的震撼力和影响力有多强，它能让人“迷信”——痴迷地相信自己。

这里的“迷信”，不是那种自欺欺人的算命先生的预言。不过，算命这种迷信有时候也能产生正能量，用好了能让后进生“玩命”地学习。马卡连柯指出：“人的生活的真正刺激是明天的快乐。”对明天的美好预言，可以刺激后进生在今天不断地努力。

案例

有一位母亲看到儿子缺乏自信——始终认为自己考不上好的大学，学习缺乏后劲，成绩不断下降。在常规教育无效之后，一天晚上，她神秘地对儿子说：“我到算命先生那里给你算了个命，说你能够考上重点大学呢。”儿子一听激动万分：“真的吗?”母亲坚定地点了点头。从此，孩子重拾信心，为了实现自己的“好命”，一心一意地投入高考复习中，最后真的考上了重点大学。后来他才知道，母亲并没有给他算过命。

默顿在《社会理论和社会结构》一书中，提出了“自我实现预言”的概念。他认为，“自我实现预言”是一个“错误的”情境定义，它引起了一种新的行为，这种新的行为使最初的“错误的”情境定义变成了“对的”。在上述故事中，母亲去给儿子算命是一件“错误的”荒唐事情，其算命的结果也可能是“错误的”，但用在了一个缺乏自信、缺乏后劲的后进生身上，却起到了“负负得正”的效果。在这种情形下，算命的预言在孩子的心里就成了“自我实现预言”——让孩子迷信“我能行”，从而产生改变自己的巨大力量。

根据默顿的定义可知，一开始的“错误的”情境定义就是起到影响、控制的作用，或者具有更改描述的形式或描述的有效性的力量。这种“错误的”情境定义引起“对的”结果，那么整个事件发展的过程就被用来验证这个结论。所以，“自我实现预言”归属于人类的信念范畴。

在学校中，学生有无后劲主要看他相信什么：相信“智力实体观”的学生往往认为自己就是这样了，因为无论怎么努力也改变不了自己的智力，所以，遇到困难的时候，常常退缩、放弃；相信“智力发展观”的学生正好相反，他们认为自己的智力是随着自己的努力而不断增长的，所以更容易战胜困难。具有不同智力观的学生，在实践中，各自实现不同的“自我实现预言”，各自通过自身的经历得到验证。上述故事中，儿子无疑属于前者，因缺乏学习的后劲而沦落为后进生，而母亲给他算到的“好命”让他惊喜地看到了自己的未来，于是也就找到了前进的方向和奋斗的目标。“自我实现预言”由小而连续一致的效果形成，并导致累积性的结果，随着时间的推移，最终形成自我实现的预言。

当然，积极的“自我实现预言”不必都要通过算命这种迷信的方式来实现，很多时候一句肯定与赏识的话也是一种能够催人向上的预言。在电影《阿甘正传》中，母亲把阿甘送进了正常人的学校，并坚定地告诉他“相信你自己和别人没有什么不同”，由此预言可以看出，她不仅是一位好妈妈，更是一位出色的教育者。

在学校教育中，教师对学生的“预言”更多地体现在对学生人生的引领和鼓励上。有一位中学语文教师，他为每名学生预测未来：你将来可能成为数学家，你能当作家，你具有艺术天赋……在这位教师的指点、熏染和鼓励下，学生们变得勤奋刻苦、懂事好学了。几年后，大批学生以优异的成绩迈进了大学的校门。人们都以为这位教师能掐会算，可以预知未来。其实，教师的良苦用心是将一个个美丽的谎言种植在学生的心中，用这善意的谎言催生了“自我实现预言”。

一位曾经的语文后进生这样回忆他的转变经历：“那天，老师拿着我的日记本对我说：‘你的日记写得很棒，思路清晰，语言流畅，并且有独到见解，你将来肯定有出息。’老师的话使我非常兴奋，自己有着这么高的天赋，为什么不好好发挥它呢？从那天起，我喜欢上了语文课。许多年以后，同学聚会时谈起这件事，大家笑得前仰后合。原来，并非语文老师对我独爱，他对班里的许多同学都讲过同样的话！”

这个教师与学生的故事，同文章开头姑母与侄儿的故事相比，区别或许在于：一个说的是真话，一个说的是假话。然而，它们的相同之处都是用欣赏的眼光看人，这一点恰恰是催人奋进的关键。

我们再来看上述那个母亲告诉儿子“算命”结果的故事，母亲为了让儿子振作，不得已对儿子说了一个善意的谎言，可见这位母亲的良苦用心。

心理学研究表明，一般谎言大致可分为两类：一类是自我中心型，目的在于维持自我形象或个人利益，或避免尴尬；另一类是利他主义型，目的在于让别人好过，也就是善意的谎言。有时候，说善意的谎言也是一种教育计策。

马克·吐温曾说："我们都说过谎，也都必须说谎。因此，聪明的话，我们就应尽快地训练自己能善意地说谎。"在学校教育中，一位聪明的教师为了学生特别是后进生，也会"善意地说谎"。也许你会说，既然爱，就应该是真诚的，如果说谎，不就矛盾了吗？其实并不矛盾，善意的谎言会让爱表达得更真挚。

实际上，在学校中，在学生的眼里，教师对学生将来的"预言"如同算命先生的算命，学生对此绝对相信，哪怕教师说的只是一个"谎言"。

然而，并不是所有的教师都会说或都肯说善意的谎言，正如下面这个案例中的教师，他们普遍缺乏教育的善良和教育的智慧。幸运的是，这名学生有一个聪明的母亲，她会美化老师对儿子的评价，并兴高采烈地告诉儿子。

案 例

儿子并不聪明，从小到大，基本上都在后进生的行列。每一次家长会，老师总会告诉他的妈妈他表现得很不好，可是每一次家长会结束，妈妈都会对儿子"说谎"，说老师对他很满意，以鼓励儿子进步。

到了初中，一次家长会，老师告诉她："按你儿子现在的成绩，考上重点高中很难。"她走出校门，发现儿子在等她。路上，她扶着儿子的肩膀说："班主任对你非常满意，他说了，只要你努力，很有希望考上重点高中。"儿子听了，信心倍增，刻苦学习。

后来高中毕业，他被清华大学录取了。他哭着对妈妈说："妈妈，我知道我不是个聪明的孩子，可是，这个世界上只有你能欣赏我……"

如果你把周围的人都看成天使，那你就会天天生活在天堂里。妈妈把儿子看成天使，才会有这浸透爱意的善意谎言，才会有儿子一天又一天的进步，一次又一次的超越。这位执着而智慧的妈妈用善意的谎言，把一个在幼儿园就是“差生”的儿子一步一步地培养成清华大学的学生，可以说，这是天使的“谎言”。

谎言之对与错，在于它所产生的意义和价值。善意的谎言，可以激励人的斗志，激发人的潜能。有人说，善意的谎言是美丽的谎言。我想说，谎言之美丽，是因为它包裹着爱，无论是对学生还是对自己的孩子，爱和善意让谎言变得美丽。它如同一缕阳光，不经意间就会温暖一颗冰冷的心！

心理学研究告诉我们：只有将爱的情感转化为满足一个人合理而迫切需要的行为时，才能从根本上引发其积极的情感反应。在教育中，如果教师能够用一个美好的预言甚至一个美丽的谎言（对学生而言，它就是一个美好的预言）唤醒学生的自尊、满足学生的需要，从而激励学生奋发向上，那么，何乐而不为呢？

寻找能让后进生动心的『定情』之物

《心灵物语》之《黑蝶》：“一只黑色的蝴蝶，从我三生追逝怀想等待的空掠过。当黑夜默静雨打竹叶的时候，旧有的精灵迷惑了现实与幻想的距离。”黑蝶是作者思想、理想的化身，是美丽的意象的符号。寄意于物，在物与意之间找到它们的契合点或共同的载体，以求得二者之间的吻合，也就是借物象寄言托情，借自然物搭设自己的意旨，表达自己的衷曲，有的还上了哲思的高度。

在教育中，要寄意于物、借物代言可选择的物品很多，只要教师做一个有心人，随时随地都可以寻觅到。找到之后，教师还需要做一个有情人，赋予物品一定的情感温度和思想意义，使它成为教师寄托情感和传递思想的“情种”。

案例

在一节课上，一个调皮的学生两次趁老师板书之际飞纸飞机，一次“坠落”在讲台边，一次不偏不倚地“撞”在老师的手臂上。所有的学生都在等待着一场“暴风雨”的来临。老师却笑着问他：“你能告诉我，为什么第一个纸飞机没能‘撞’到我吗?”“犯事”的他支支吾吾地回答：“第一个纸飞机太软了。”

老师严肃地对同学们说：“说得好！我们在座的每一位同学其实都是一个纸飞机，用软纸折的纸飞机永远飞不起来，因为它没有硬翅膀。只有练就一对硬翅膀，才能飞得又高又远!”望着已经被深深吸引的学生，老师不失时机地说：“如果我们每一天都在无所谓地浪费时间，而不把心思和精力放在学习上，那我们的翅膀永远不会变硬，我们也永远飞不高，飞不远！”说完，老师把第二个纸飞机抛向空中，所有的目光都随着那双“硬翅膀”在移动……

上述案例中，教师深谙寄意于物的教育计策。第一步，把一件大煞风景的教学“事故”大题小做，没有大惊小怪让后进生感到害怕；第二步，小题大做，利用其中的契机借题发挥，春风化雨般地对后进生进行了发自肺腑的思想教育，这种思想教育并不空洞，学生的思想都定格在最后由教师飞起的那只“硬翅膀”的纸飞机所创造的教育“风景”上，纸飞机所代表的教育将永远停留在这位后进生的脑海中，成为他美好的记忆。

如果说上述案例中教师所采用的寄意于物的教育计策有点“兴师动众”的话，那么下面这则案例中的教师所采用的寄意于物的教育计策则是一场静悄悄的“革命”。

案例

其他学生都在认真地做着习题，只有他在玩纸飞机，一不小心飘落到旁边的走廊上。我若无其事地走过去，轻轻拾起纸飞机夹在我的数学书中。他赶忙假装做题其实是在紧张地偷看我。我没有责备他，当作什么事情也没有发生过。我的“不作为”反而让他一直“认真”到了下课。

第二天上课，他特别认真，我知道他担心昨天的那件事。我有意无意地打开数学书，露出那只纸飞机尖尖的头，我发现他由紧张变成惊讶——纸飞机竟成了老师的书签，随后他的眼神中流露出感激。此后，夹在我书中的这只纸飞机一直牵引着他、激励着他认真学习。

教育不一定非得教师的苦口婆心才行，其实教师的“苦口”不一定能获得好的教育效果。有时，教师不妨寻找一些可以牵动学生心思的替代品来代替自己的话语、传达自己的心意。上述案例中，那只纸飞机无疑是后进生开小差的“证据”，然而教师并没有因此训斥该生，而是在其他学生不注意的情况下悄悄地拾起纸飞机并夹在自己的教科书中，且一直不声张，只是时不时地露出纸飞机“尖尖的头”，让那个后进生感到教师的关注。可以说，这只纸飞机吸引着那个后进生的注意，也牵住了他的心，尽管教师没说什么，却胜似时时提醒他应该做什么。

自己的东西甚至玩具，能成为老师的喜欢之物，由物及人，这就代表自己也被老师喜欢着，这将是学生特别是后进生莫大的荣幸和荣耀。丁立梅在她的文章《一朵栀子花》中也讲述了这样一个动人的故事——

有个女孩子，相貌太过平常，甚至有些丑陋——皮肤黝黑，脸庞宽大，一双小眼睛老睁不开似的；学习成绩也平常得很，字写得东倒西歪，像被狂风吹过的小草；她的座位，在教室最后一排靠近角落的地方。

就是这样一个小女孩，任何同学、老师也不会过多注意。然而，当我发现一朵凝脂样的小白花，白蝶似地正落在她的头上时，忍不住向她低下头，笑着说道："好香的花！"她的脸迅速潮红，不好意思地把嘴一抿，笑得美极了。后来，我的教科书里就有了一朵她送的芬芳的栀子花。我对她笑着颔首，算是感谢。之后，她发生了翻天覆地的变化：活泼多了，爱唱爱跳，还时不时向老师请教问题，成绩大幅度提高。几年后，她出人意料地考上了一所名牌大学。

教师低头闻香、微微一笑，给女孩的心灵触动犹如石破天惊。教师将栀子花夹在教科书中似乎每天都在告诉这个女孩"我喜欢你"，也似乎在告诉其他学生"我看好她"，这是尊重，也是欣赏，更是鼓励。它似雨露滋润了女孩心灵的土壤，它似春风吹醒了女孩心中的禾苗。它增强了女孩的自信心，激发了她向上的潜质，唤醒了她生命的活力。

上述案例不禁让我有了这样的思考：我们的教育在很多情况下不必立竿见影地表明你的态度，不妨寻找一些可以牵动学生的心的替代品来代表你的感情，从而让学生时时地、默默地被牵挂着、被引导着。如果说"纸飞机"更多的是在提醒着后进生的注意，那么"栀子花"更多的是在唤醒着后进生的自信。

除此之外，我们还可以通过教师的随身之物提醒后进生该上课了。我们都知道，上课之前预备铃之后的几分钟是一些调皮的后进生的世界，他们十分活跃，要等到教师走到教室门口才会安静下来。那么，有没有什么好办法让这些调皮的后进生能够在教师到达教室之前就事先做好上课准备呢？下面这则案例中，教师借助腰间的钥匙，运用寄意于物的教育计策——人未到，声先行，让学生特别是那些还在吵闹的后进生知道“老师马上要来了”，从而收敛行为，恭候教师的到来。

案例

我们经常会遇到这样的情景：当你踏着铃声走向班级时，总有一个调皮的学生守在教室拐角处，当他看到你来时，比铃声更为有效的“警报声”就悄悄地传递开了：“老师来啦……”于是，沸腾的教室顿时安静了。如果不用特殊的手段，你永远也不知道学生们的另一面。

一次，我出乎学生的意料提早来到教室。打开门，所有学生居然都已经做好了课前准备，睁大了眼睛等着我上课。怎么回事呢？一再追问下我才知道，原来是我腰间的钥匙发出的脆响！学生们已经熟悉了这种声音，老远听到后就“快速反应”。我这才感到，让学生遵守纪律，教师不需要总是冷面孔。

教师的钥匙是一件物品，在此却表达了一个信号，这个信号的含意是“我来啦，准备好上课”。这如同心理学中所说的“锚”，也如同皇帝的“尚方宝剑”，代表着教师的亲临。不过，钥匙之所以能“锚”定学生，在于它能发出清脆且富有个性的叮当声。

“寄意于物”之物还可以是教师送给学生的礼物。一般情况下，学生都很重视教师送的礼物，这在激起学生极大的情感反应之后，往往会跟着激起学生极大的思想反应，进而使学生产生极大的行为改变。

案例

元旦前夕，我把几个后进生找来谈心。我肯定了他们过去一年的进步，即使是微小的进步我也给予表扬，然后把预先买好的有象征意义、漂亮精致的贺卡送给他们。贺卡上写着他们各自的优缺点和我精心选择的赠言。他们双手接过贺卡，向我行了个90度的鞠躬礼，说：“多谢老师！”

贺卡的作用真不小，它使后进生重新燃起希望之火。王斌说：“我做梦也没想到老师会给我送贺卡，我要把贺卡当作镜子，让它天天照着我进步!”王斌过去总在寝室下象棋、打牌、吃东西，把寝室搞得一团糟，此后，他天天扫地、叠被子，并把室内物品摆放整齐。刘小明过去总喜欢在课堂上讲话，有时还和老师顶撞，英语老师在台上讲ABC，他就在台下念EFG，自从得到贺卡后，他上课安静多了，有时还会做些好事，如为生病的同学买饭菜，帮助值日生打扫教室卫生等。

送后进生礼物，可以投其所好，送他喜欢的东西。记得上初中时，我也是班级里的“动乱分子”，让老师操了不少心。一天放学后，英语老师让我去他的办公室，我以为又要被批评了，谁知他笑眯眯地说：“听说你喜欢下象棋，正好我昨天在街上看到一副象棋，很不错，送给你!”我激动得一句话都说不出来。从此，我不仅上课不捣乱了，而且天天盼着上他的课。

送后进生礼物，还可以选择其急需的东西。一位后进生家庭贫困，有一次在书摊前徘徊，想买一本连环画，拿起又放下，放下又拿起……这一幕正好被班主任看在眼里。待该生依依不舍地走后，班主任买下了这本连环画，找个机会送给了该生。当他拿到这份礼物的时候，首先是惊讶，然后是惊喜，之后似乎变了一个人，对班主任言听计从，也愿意与班主任说心里话了，成绩也越来越好。

我们可以看出，教师给后进生送礼物，不在于价格贵，而在于有情义，这表明老师没有歧视他们，也没有忽视他们；不在于数量多，而在于有意义，这是他们看中的和看重的。

用身体说话，同后进生息息相通

人类在交际中除了使用语言，还使用着大量的非语言因素，如体态语言。我们常常有这样的经验：某人还没开口讲话，我们对他就已经有了第一印象。因为当人陷入深思时，体态会多多少少表现出他内心的状态；当人兴高采烈时，不用说话别人也能看出他的心情愉悦；当人在某些场合中缺乏自信想要欲盖弥彰时，他的身体语言会把相应的信息传递给别人……

体态语言又称肢体语言、身体语言等，是指通过表情、动作等来交流感情、传递信息、协调关系的一种沟通方式。其主要内容有目光语、表情语、手势语，其功能为说明、调节、标志、替代。美国学者曾提出这样一个公式：信息的全部表达＝7％的文字＋38％的声音＋55％的肢体语言。

目光语是运用眼神来传递信息、表达情感的语言形式。俗话说："眼睛是心灵的窗户。"爱默生曾说："人的眼睛和舌头说的话一样多，不要字典，却能从眼睛的语言中了解一切。"目光语能够显露人的内心世界，表达人的思想感情及其对人与事物的倾向性。目光语很适合教师与后进生进行默默交流，此时无声胜有声，能保护后进生的自尊心。例如，当教师发现后进生课堂上开小差或做小动作时，常常用眼神表示制止，后进生一看就能明白。

表情语主要指面部表情。面部表情是人类社会的"世界语"，一个人的喜、忧、怒、悲、恐、惊等全都可从面部表情上反映出来。教师在课堂上如果能针对后进生出现的不同情况，用目光语配以表情语，便可更好地达到与后进生交流的目的。

手势语通常是指由手指、手掌、手臂的动作有机构成的动作语言形式。古罗马政治家西塞罗明确指出："一切心理活动都伴有指手画脚等动作，手势恰如人体的一种语言，这种语言甚至连最野蛮的人都能够理解。"在教学中，手势语既可以传递思想，又可以表达感情，还可以增加有声语言的说服力和感染力。

手势在体态语中是动作变化最快、最多、最大的一种语言形式，而且具有很丰富的表达力。因此，教师在课堂教学中应把手势语用得简练、适当、自然、协调、多样。例如，教师对后进生做举起食指放在嘴前的手势，他就能立刻明白老师的意思是不要随便讲话；又如，教师对后进生做两手平放在胸前的手势，他就能立刻明白老师的意思是要他坐端正。另外，手势语还能帮助后进生更快、更好地理解知识。

反过来，教师也可以从后进生的目光语、表情语和手势语中，看出教学效果，辨析后进生的听讲情况。

抚摸是人人都会的一种最方便的肢体语言。在人身上，有一种饥饿，它天生存在却鲜为人知：不管你吃多少食物，也不会感到满足。这种饥饿，就是人对抚摸的要求。确切地说，它是一种"皮肤饥饿"。

案 例

上《世界七大奇迹》一课，在课结束时，老师让学生们列出他们认为的世界七大奇迹。尽管有一些分歧，但归纳起来是以下七大奇迹：①埃及大金字塔；②印度泰姬陵；③亚利桑那州大峡谷；④巴拿马运河；⑤帝国大厦；⑥圣彼得大教堂；⑦中国万里长城。而一位安静的女生认为世界七大奇迹是①抚摸；②品尝；③观看；④倾听；⑤感受；⑥欢笑；⑦爱。

抚摸即肢体接触，在师生沟通中能发挥很大的作用。比起学优生，后进生更容易产生"皮肤饥饿"，因为他们更需要教师的关怀。如果教师摸了他们的头，拍了他们的肩，牵了他们的手，抱了他们的身体，他们一定会欣喜万分。也就是说，当教师的肢体与后进生主动接触时，会使后进生受宠若惊，产生"明显"的身体反应、心理反应乃至思想反应。

在肢体接触中，摸一摸头是最常见的方式，常常能起到赞赏、鼓励的作用。除了摸摸学生的头，还可以拍拍学生的肩，这些肢体接触都会对后进生有很大影响。教师在表扬学生时，可以将一只手放在学生的肩膀上拍一拍，或是摸一摸学生的头；在批评学生时，批评后也可以将手搭在他的肩膀上，鼓励他改正错误。特别是犯了错误的后进生，逆反心较强，师生之间的肢体接触，有时会减轻后进生的心理负担和防备意识，使其明白老师并不是在攻击他，而是在帮助他。教师的摸头、拍肩，常常让一些顽固学生不再顽固，让一些后进学生不再后进。

此外，常见的肢体接触还有牵手。手与手的触碰，会给学生带来温暖，教师不妨多与后进生手拉手。

案 例

一次，我被一个调皮的学生气得不知道该说什么了，便猛地一把抓住他的手，想把他拉到身边来狠狠地批评一顿。可当我抓住那只小手的刹那，心中一震，那手软软的、黏糊糊的，好脏啊。立刻，我改变了主意，牵着他的手去了洗手间，把那双小手洗干净了，再牵着他走回办公室。他就那样任我牵着，既不说话也不扭捏。此刻，他很安静，我也没有了怒气，只是静静地看着他。他抬起头，眼里闪着泪光，说："老师，我错了。"我笑了。第二天，他很乖，上课时居然举手回答问题了。我很庆幸，庆幸自己牵住了他的小手。

由此，我想到这样温馨的场面：老师与后进生肩并肩坐在一起谈话，大手握着小手，慢慢地，孩子的头靠到老师的肩上，然后，老师拍拍孩子的肩膀。

除了摸头、拍肩、牵手外，拥抱也是一种肢体接触方式，也是一种很好的体态语言。如果教师想知道学生特别是后进生是否喜欢自己，不妨用拥抱来试探学生的反应，如果学生不愿意或者很勉强，则说明学生还没完全接纳和认同教师。如果教师想让学生特别是后进生知道自己喜欢他，也可以通过拥抱向学生表达。

教师拥抱学生可以表达为"老师理解你"。一位教师说："班上有一名学生在父母离异后，便住在了姑妈家，孩子很郁闷，成绩受到了极大的影响，我和她谈心，说到伤心处，我便和她抱头痛哭。后来这个孩子的成绩很稳定，上了初中后还经常回来看望我。”

教师拥抱学生也可以表达为“老师原谅你”。例如，面对那些知错能改的后进生，教师的一个拥抱就像是告诉他们：“我原谅你了，知错能改，你是个好孩子。”

另外，人与人交流时的距离也是一种无声的体态语言。教师在课堂上所站的位置不同，会给学生不同的心理感觉。有研究表明，当教师站在距学生2～3.5米的地方时，就会产生一种控制效应，如果某个学生不注意听讲或出现不当行为的时候，只要教师开始走向这个学生，就会使他迅速地改正不当行为。进行听写练习时，教师一边念一边适当地走动，可以引起学生的注意，调动他们的积极情绪。

除了人与人交流时的距离外，我们还要注意交流时的位置。平常，教师在与后进生交谈时，常常是后进生站在教师面前低头听训，好一点儿的做法是教师会让后进生坐在自己面前促膝而谈。其实，还有一种更好的做法就是让后进生与你并肩而坐，这样可以避免后进生与教师面对面的紧张感，这涉及心理学上的“坐向效应”——

美国有一档评论类电视节目，起初无论请来多有名的嘉宾，节目中总是缺乏“针尖对麦芒”的论辩高潮。苦恼的制片人便去请教心理学家，心理学家建议改变嘉宾座位的摆放方式。果然，由以往的横排而坐改成两人相对而坐后，几乎每期节目都能掀起激烈的舌战，收视率节节攀升。

一般来说，面对面而坐，会起到“心理施压”的效果，这是由正面直视的视觉感受造成的，由于彼此正面相对，视线强烈，往往会造成一种直刺对方心理的对立性。相反，并肩而坐，或者斜向而坐，视线直面相对的概率会少很多，便大大减少了对立性。因此，教师与后进生谈心、商量、讨论问题时，应尽量避免正面相对，此时，后进生自然会领会你的体态语言——“我没有与你对立”。

寻找先进人物，让后进生也能成为『人物』

齐桓公喜欢穿紫色的衣服，一时间紫色衣服成为全国人民最喜爱的衣服，导致紫色布售价涨到白布的五倍。齐桓公生怕如此下去会为国家带来许多麻烦，于是找管仲商量。管仲说："要化解这个问题不难，只要您从今天开始不再穿紫色的衣服就行了。"果然，齐桓公不再穿紫色的衣服后，当天就不再有穿紫色衣服的侍臣，第二天京城里便不见穿紫色衣服的百姓，第三天全国几乎也再见不到穿紫色衣服的百姓了。

后进生尽管后进，但心中依然都有学习的榜样和追求的目标。榜样的力量是无穷的，它能帮助后进生建立正确的是非观念，更直观地认识到何为真善美，使他们弃旧图新、自我完善。

教师可以给后进生讲爱迪生、牛顿、童第周等人的事迹，让他们明白：暂时的落后并不可怕，只要敢于拼搏、持之以恒，也能取得非凡成就。

如果说伟人的榜样比较遥远，那么身边的榜样会对后进生更有触动：有的是数学能手，他羡慕；有的是作文能手，他羡慕……后进生也希望自己能与自己的榜样拉近距离，像他们一样被同学们羡慕、关注、围绕。教师可以给他们寻找合适的学习榜样，让他们结为对子，此时学习榜样也是学习伙伴。当然，为了能够让后进生学习有后劲，教师不妨给他们找一个处于同一层次的学习对手，相互比赛，此时学习对手也是学习伙伴。

案 例

吴同学的作业书写得不够认真，我帮他找了一个学习伙伴，也是作业书写比较随意的学生。两人结成对子以后，我先给他们看了书写工整、认真的作业本，然后给他们制订了比赛规则：两个人比每天的作业书写情况，看看谁写得更认真，谁进步快谁就能得“作业优秀星”。在我的鼓励下，两个人都十分努力，书写态度都有所改变，作业本整洁多了。

由此想到，教师可以让不同小组不同水平的学生之间互换作业本做作业。当作业马虎、字迹潦草的后进生拿到优秀学生的作业本做作业时，面对那么整洁、美观的页面，还好意思马马虎虎地完成吗？他会受榜样的影响，一改马虎的毛病，认真书写、认真解答，以期给接下去拿到这本作业本的同学留下好印象。

让两个学习处于同一层次的后进生或者让两个有相同不良习惯的后进生成为竞争对手，这能使他们认识到只要努力，赶超对手并非不可能，于是这种“相差无几”给了彼此奋斗的动力。

其实，除了让后进生结对子外，我们也可以直接让后进生与学优生结对子，同样也能产生很好的榜样作用。

案 例

我设想把后进生组成一组，旁边则是一组品学兼优的学生。这两组毗邻而坐，每天在一起学习、生活、玩耍。

我首先征集被帮扶对象，大多数后进生都想让自己变得更加优秀，所以没费什么口舌，就有十来个人自觉自愿来到被帮扶小组。这里面有“学习困难户”小吴、小燕、加一，有“走神大王”小魏、小浩。

“小师傅”（即品学兼优的学生）组更是报名踊跃，他们立下雄心壮志誓要改变“小徒弟”的面貌。我挑选了踏实稳重、有实干精神的小忆、小听、小贾当三个“学习困难户”的“师傅”，让规则意识极强的小童、小李当“走神大王”的“师傅”。“师徒”坐到了三组、四组的位置，那是教室的中央。

然后，我历数“小师傅”们在上课、下课、作业、做人做事方面值得学习的亮点，一来使“小师傅”们信心满满，二来使“徒弟”对“师博”产生钦佩之情。

学习委员小忆做事一丝不苟，效率极高，很难受到外界影响，而他旁边的小吴则做事拖拉，上课时，小忆时常用胳膊肘轻轻触碰小吴，提醒他专心听讲，此外，还经常提醒小吴认真做笔记。

下课了，认真的小贾抓住加一就往座位上按，意思是赶紧改错题，改完再出去玩。上课时，眼里不揉沙子的小李一把抢过小浩手里的课外书，毫不留情地将书塞进了课桌。

其实，帮扶还是外在的，我最欣慰的是看到了榜样对他们的影响。在后进生眼中，“小师傅”就是最现实、最能摸得着的学习榜样。

教育心理学研究表明，学生很重视同学对自己的态度。所以，为后进生创造一个具有明确榜样的学习氛围是很重要的。可以说，榜样营造了一种健康向上的班级氛围，教师可以充分利用集体的力量，让后进生感受到集体的温暖。这样，后进生不仅能产生发奋学习的动力，而且能逐渐在模仿中形成适合自己的有效的做人做事的方法。

教师应积极地从各个方面帮助后进生树立正确的榜样，注意榜样的先进性、层次性和可及性，榜样既要有古今中外的领袖、名人，也要有后进生身边的先进模范，更要有由后进变先进的典型的人和事。榜样除了朝夕相处的同学，还可以扩展到学哥、学姐。例如，张万祥老师精心保存每一届学生的优秀文章、展示才华的艺术作品、别出心裁的手工制品，每当接手新的班级，他就把这些“精品”展示出来，以激励学生。

在现实生活中，还有一种榜样影响叫偶像崇拜。对学生而言，这种偶像崇拜常常表现为追星，然而很多家长和教师担心这种偶像崇拜会影响学生特别是后进生的学习，所以在学生没考好时，就会不顾学生的心理感受，对他们的追星行为进行指责、限制，结果导致学生的逆反心理。

调查发现，从成绩上看，学习成绩较好的学生中，有70%为追星族；成绩较差的学生中，则只有53%为追星族。其实，我们同样可以利用明星效应产生的巨大力量来让后进生产生学习的后劲。多数青少年喜欢歌星、影星的原因大概可以分为三种：外貌特征、成功形象、奋斗精神。

案例

韩国组合EXO的名字从意为太阳系外的行星EXOPLANET一词而来，因其拥有中国成员，所以为中国粉丝所熟悉。因学校规定学生不得佩戴任何饰品，所以在“行星饭”（EXO的粉丝的名字）施同学乐滋滋地向同学炫耀自己的EXO同款项链时，被我无情地没收了。施同学耷拉着脑袋，问：“我怎样才能拿回来呢？”

“用事实说话，证明追星不会影响你的成绩。”

“那……我要考到多少名才好呢？”

“由你自己决定，因为你最了解自己的实力和水平能提高到什么程度。”

“那考到年级前30名行吗？”

我为之一惊，这个平时考试经常“吊车尾”、任凭父母说破了嘴皮子也不努力的学生，居然有这么大的勇气，想要提高60名。“可以。”我这样回答，虽然不太相信，但想着能激励她也是一件好事。

自此，原本一下课就走到教室外面，被同学戏称“风景姐”的她，开始在教室钻研题目；原本到了周末因父母忙，总是在网上度过的她，开始慢慢远离QQ，远离游戏；原本默写次次不过关的她，开始过关了；原本上课耷拉着脑袋、萎靡不振的她，开始抬头挺胸、积极发言了……

期中考试，施同学考了年级第16名。我走进教室，轻轻地把项链放在她的桌子上，她一下子欢呼起来……

适度追星对学生来说是有积极作用的。歌星、影星和著名人物是学生偶像崇拜的主流。学生在他们身上能找寻到理想化的自我，从而使自己产生超越现实自我的情感体验。有研究指出，崇拜歌星、影星在一定程度上反映出学生对自己缺乏积极评价或信心，他们想通过偶像崇拜来提高自我认同感和自信心，获得自我平衡，这为转化后进生提供了理论支撑。

最后，我们不要忘记，教师也是后进生的榜样。学生尤其是小学生最佩服的就是老师，经常挂在嘴边的话就是“老师是这样说的”“老师是这样做的”。由此可见，教师的一言一行是学生的直接榜样。孔子说：“其身正，不令而行；其身不正，虽令不从。”教师应该以崇高的精神境界、无私奉献的精神感染和启迪后进生积极向上，用高尚的人格魅力引导后进生不断进步，最终让后进生在“亲其师而信其道”中改变自己。

第6计 给足面子

后进生，有了『面子』才会有『里子』

晚唐时期沙陀部落酋长李克用，出生时即瞎了一只眼睛。他两次把给自己画像的画家杀掉了，因为“独眼龙”的形象使他感到很没有面子。生性残暴的李克用又让一位名叫孙源的画家为自己画像，孙源将其画成右臂执弓、左手捻箭、歪着头、闭着一只眼，好像正在检查箭杆弯直的样子，一则表现了他威武的神情，二则掩盖了他眼睛的缺陷。李克用看后大喜，孙源因此得到不少奖赏。

外国人常说中国人很爱面子，的确是这样。其实不只中国的大人很爱面子，小孩也很爱自己的“小面子”。很多人以为小孩子不懂事，没有自尊心，这是错误的认识。有个5岁的小女孩，在一次幼儿园排练节目时，被老师淘汰了。老师当时并没有注意自己的言行，随便地说：“你回班上课去吧。”但给孩子的感觉是她被老师赶出来了。结果，在其他孩子的讥笑下，这个5岁的小女孩哭着说：“我以后再也不跳舞了!”显然，小女孩的自尊心受到了极大的伤害。心理学家认为，儿童的自尊心是随着自我意识的发展而逐步发展的，在1岁半便有了自我意识的萌芽。

俗话说，“人有脸，树有皮”“人活一张脸”，人的脸面就是人的自尊心。树怕伤根，人怕伤心。自尊心是孩子成长的精神支柱，是孩子向善的基石，也是孩子自我发展的内在动力。之所以有的孩子破罐子破摔，最后走上违法犯罪的道路，就是因为他已经没有了自尊心，失去了追求进步的力量源泉。因此，不管在什么情况下伤害或者诋毁孩子的自尊心，都是违背教育规律的愚蠢行为。

在班集体中，学生更在意自己的面子。对于后进生，许多教师认为他们不在乎面子，其实后进生更想要面子，更想维护自己的面子，只是教师常常不给他们面子。

案 例

“留守学生”王浩，因缺乏监护经常和社会上的不良少年一起到网吧上网，有一次居然一个星期没有到校。没想到，他来校上课后教师没有在班上点名批评他，相反，还替他编造了一个善意的谎言：“同学们，王浩因生病一个星期没到校上课，希望同学们能帮他补上落下的课。”

王浩被感动得热泪盈眶，在日记中写道：“误入歧途，老师没有嫌弃我，反而编造谎言维护我的自尊心，如果老师在班上直截了当地对我提出批评，那我就没脸再读下去了。我要好好学习，好好做人，这样才对得起老师和他那善意的谎言。”

和爱相比，也许学生更需要的是被尊重。或者说，尊重是对学生更深刻的爱。因为自尊心是人的人格尊严的体现，在某种意义上，自尊心就是人的精神生命。如果我们希望通过语言的方式（鼓励、表扬与批评）来矫正学生的行为偏差，那么让学生拥有自尊心是前提条件。如果学生没有自尊心，那我们就无法通过语言的方式来纠正他们的行为偏差，而只能用对待动物的方法（打骂、威胁）来强制他们按我们的意愿行动。一个人一旦失去自尊心，别人的眼光和话语对他就失效了，这是很可怕的。

然而，有时候学生自尊心的丧失是由教师一味的批评特别是当众批评造成的。在教育中，化干戈为玉帛更能让学生接受你的教育。在企业管理中，波特定理从下属心理学角度告诉我们：随意的批评将会导致下属的对抗情绪。这其实也是同样作为管理者的教师常犯的一个低级错误。

面子之所以重要，是因为如果教师不顾及学生的面子，失去的不仅是其面子，还可能是其学习的后劲，导致学生后进，使之变成后进生。反之，如果教师顾及了学生的面子，就有可能让后进生不再后进，从而有了学习的后劲。

孔子的学生子贡曾问孔子：“老师，有没有一个字，可以作为终身奉行的原则呢?”孔子答道:“那大概就是‘恕’吧。”“恕”,用今天的话来讲,就是宽容,包容学生特别是后进生的缺点是师德高尚的表现。

苏霍姆林斯基在《要相信孩子》一书中,曾经讲到一件令他终生难忘的事:在帕夫雷什中学,有位女教师在给一年级新生上第一节课,当讲到手、耳朵和衣服都要保持清洁时,女教师看到坐在前排位置上的一个孩子的耳朵很脏,她就说:“大家看,格里沙的耳朵多脏。”这时,全班39个孩子的目光都集中到格里沙的两只耳朵上,格里沙羞愧得真想把脸藏起来。从那以后,每次上课他总是觉得全班同学都在盯着他的耳朵,注意力老是集中不起来,老师不仅不了解他的心情,还批评他不用心听讲。第一学期期末考试,格里沙的数学和阅读成绩都不及格。他的母亲了解了这个情况后,要求学校将他转到另一个平行班,结果格里沙成了一个勤奋好学的优秀学生。苏霍姆林斯基认为,这位女教师在教育上所犯的错误,就是没有给孩子留面子,抓住孩子的短处在全班学生面前把他作为“坏孩子”来批评,从而极大地伤害了孩子的自尊心。

聪明的教师不仅注意给后进生面子,还会注意寻找可以给他们面子的机会,如一次好的表现、一个好的特长。

案 例

班上的梁同学,和母亲生活在一起,父亲不在身边。周末他经常去网吧,沾染了一些不好的习惯,身上总带着一点“痞味儿”。上课他总是摇椅子,做作业也不太认真,屡教不改。

在教《我的母亲》这篇课文时,我请他讲一讲他的母亲,他越讲越投入,我想:太好了,可以借此机会转化他。在接下来的点评中,我表扬他讲得细致、生动,要求同学们向他学习。果然,我发现他上课不摇椅子了,作业也认真了许多。趁此机会,我又让他分析自己的近期表现,他主动说出自己欺负同学、周末上网、抄袭作业等问题。我提出希望他改正,他欣然接受了。

针对他良好的表现,我总是适时表扬,对他平时的错误我总是耐心分析。他越来越懂事,甚至还帮我一起管理班级。

在生活中，许多人都有这样的购物经验：你在商场看中了一件衣服，一问价钱居然要300元，你打定主意这件衣服最多给180元。“150元。”你这样说。“那不卖，我连本钱都没有收回来，实在亏大了。这样吧，你再加一点儿，我就算给你带一件。”“最多180元。”“成交。”这就是心理学中的“留面子效应”：想得寸先要尺，往往能实现目标。

心理研究者查尔迪尼等人曾做过一项被称为“导致顺从的互让过程”的研究：将参与实验的大学生分成两组，对第一组，要求他们带领少年们去动物园玩一次，需要两个小时，但只有1/6的学生答应了这个请求。对第二组，首先请求他们花两年时间担任少年管教所的义务辅导员，这是一件费时费力的工作，几乎所有的大学生都拒绝了。接着提出一个小的要求，让他们带领少年们去动物园玩两个小时。不就两个小时嘛，太容易了，一大半学生都答应了这个请求。心理学称这种现象为“留面子效应”，即在向别人提出自己的真正要求之前，先提出一个更大的要求，待别人拒绝之后，再提出自己真正的比较小的要求来，别人答应自己要求的可能性就会增加。

例如，想向朋友借100元钱，如果你这样问：“嗨，老朋友，我想向你借100元。”得到的回答很可能是：“我还缺钱呢!”可是，如果你这样说：“老朋友，我最近手头很紧，借1000元给我救急，行吗?”“什么？我哪有那么多，我也正用钱，最多只能借你100元!”看看，目的是不是达到了！

在教育教学中，如果你本想让学生抄10遍词语，但在布置时，你故意说抄15遍，然后在学生愁眉苦脸中允许他们“讨价还价”，慢慢减少到10遍。在这个争取权益的过程中，学生觉得很有面子，普遍认为老师很给面子，很照顾他们，此时教师再附加条件——作业数量可以减少，但作业质量必须提高！他们就不好意思拒绝，一定会带着对教师的感激用心地抄写。对后进生，教师还可以进一步减少抄写的遍数，让他们感觉老师给足了他们面子，从而产生“留面子效应”，为了不给老师丢面子，他们或许会自己偷偷多抄几遍，以保证明天能够默写出来。

给后进生下台阶和上台阶的机会

张女士把手表忘在了洗手间，返回去寻找时发现不见了，一位姑娘在洗手，脸色有些慌乱。张女士没有直接问姑娘，而是很着急地“求助”于姑娘：“刚才洗手时我不知道把手表放哪儿了，我眼神不好使，姑娘，麻烦你帮我找一下好吗?”姑娘红着脸说：“好的。”“那我到里面看看有没有，你在这里帮我找一下。”说完张女士进里面去了。等张女士再出来时，姑娘说：“阿姨，您看是这块手表吗?”“不错，不错，就是它。谢谢你。”

苏霍姆林斯基早就发出呼吁：“把机会给每个学生!”其中包括后进生，实际上，后进生更需要教师给他们各种各样的机会。

给后进生机会，首先应该给后进生改正错误的机会。有些后进生不会将自己的后进归咎于自己，而会寻找各种外部的借口，如“忘记带作业本”“没听清楚作业要求”等，对此，教师正确的做法就是不给他们可以“借”的理由。以下案例中以学生的借口为教育的入口的做法值得一试。

案例

这学期，我接了两个新班级。在第一次检查家庭作业时，我发现（3）班少了一本，还没等我去查是谁，学生就异口同声地告诉我：“吴鹏的，他从来不交作业……”吴鹏，这个名字早就如雷贯耳，没想到今天他先给我来了一个“下马威”。这不，他已从座位上走到我跟前，脸不红，耳不赤，腰板挺得直直的，双眼紧盯着我不放，好像有错的不是他，而是我。我强压着怒火，不说话，看他怎么解释。

也许他已经看出我很生气，但没有对他发火，便低下了头，小声说："老师，我……忘带了。""忘带了？"多么无力的回答。还没等我说什么，其他学生就纷纷说："老师，不要相信他，他每次不是忘带，就是找不到，其实就是没做……"从他的表情和语气中可以肯定他确实在说谎。我假装没听见其他学生对他的指责，接着问："忘带了，没关系，你是现在回家拿，还是下午上学时带来呢？老师相信你一定是做完忘带了。"我有意识地把最后一句着重强调，给他一个台阶下。其他学生还想说什么，却被我用眼神制止了。"我下午带来！"吴鹏很肯定地告诉我。我接着对全班学生说："新的起点承载着新的梦想，你们已经是三年级的学生了，这是你们第一次做三年级的作业，是一个新的起点，我知道每个同学都想给新班主任、新任课老师留下一个良好的第一印象。我相信下午吴鹏一定会把作业带来的。对吧，吴鹏？"吴鹏使劲点了点头。

说心里话，我根本没指望他下午能把作业带来，这样的学生我见多了。出乎我意料的是，下午还没上课他就把作业送到了我的办公室。当时我呆住了，我的心情无法用语言来表达，尽管我知道他是用中午的时间补做的。

下午一上课，我便在全班表扬了他。也许是上学以来第一次做作业受到表扬，吴鹏脸上显出少有的羞涩，他低着头，微红的脸上带着歉意。

在以后的日子里，他虽然时不时地忘过几次，但我总是相信他忘带的谎言，给他补做的机会。一学期下来，吴鹏忘带作业的次数不断减少。不仅能完成我任教的学科的作业，其他教师也反映吴鹏开始写作业了。在期末考试时吴鹏的各科成绩都前进了一大步。真没想到无意中相信了一次谎言，竟收到了意想不到的效果。

美国成功学家格兰特纳说："如果你有自己系鞋带的能力，你就有上天摘星的机会！让我们改变对借口的态度，把寻找借口的时间和精力用到努力工作中来。"西点军校建于1802年，200多年来，西点军校为美国培养出了三位总统、五位五星上将、3000多名将军及无数的精英人才，其成功的全部秘密就在于"没有任何借口"。

然而，学生特别是后进生不可能一下子做到“没有任何借口”，我们只能慢慢引导，引导他们“把寻找借口的时间和精力用到努力工作（学习）中来”。上述案例中，吴鹏并不是一个缺乏“自己系鞋带能力”的学生，他之所以后进，更多的是态度问题——懒惰，对此，教师需要做的就是促使他“改变对借口的态度”，不是逼，而是引，给他台阶下，这样可以不伤其面子。

在这个案例中，我们还能看到心理学家克劳特研究的“标签效应”，即当一个人被做出某种评价，被贴上某一标签时，他往往会使自己的行为与所贴标签内容相一致。这种标签使用时间长了就会影响学生的行为，标签为“勤奋”的学生可能会更勤奋，标签为“调皮”的学生可能会更调皮……在上述案例中，教师正面运用标签效应，给吴鹏“贴”上“不是不做作业，而是忘做作业”的标签，并给予正面期待，渐渐地，吴鹏的学习态度悄悄地发生了变化。可以说，给后进生机会，不仅给了他们面子，也给了他们台阶，还给了他们余地。

案例

刘强被老师和同学们称为“困难专业户”，他散漫不羁、上课随便说话、下课打闹，老师管他，他时而服从，时而顶撞，在班里影响极坏。

一个星期三下午的卫生大扫除之后，教室、楼道焕然一新。我突然发现墙上有一块足球印，便问道：“这是谁干的?”刘强晃晃悠悠地站起来，一脸无所谓的样子。当时，我很生气，又一想，他现在有一种排斥、不合作的心理，批评可能不起作用，反而会激化矛盾。于是我说：“你肯定是不小心弄上的，同学们刚刚都付出了劳动，其中也有你的汗水，我看见你为班级倒垃圾啦。我们一起擦掉它吧。”说完，我立刻动手擦起球印来。不一会儿，加进来一只手，当然是刘强的了。我笑了，他也笑了。

放学后，他主动找到我：“老师，我没想到你没训斥我。其实，那是我和（2）班的赵松打赌，他说我不敢，我就……”

俗话说：“只有给别人台阶下，他自己才会有台阶下。”教师给学生台阶下，其实也给了自己台阶下，缓和了师生矛盾，而且给了学生反省错误的时间和改正错误的机会。

给后进生机会，不仅要给后进生改正错误的机会，还要给后进生慢慢成长的机会。有一位优秀教师曾经介绍了一个给后进生机会的经验："对于那些拼音没过关的孩子，我故意不留下补习，给这些孩子机会，让他们回家读熟，以便第二天很顺利地读出来，这样就没有人知道他们比别人差了。"很多时候，给后进生机会常常表现在教育细节上，体现着教师对后进生的体贴和关爱。学会拼音固然是学生需要习得的一项重要的语文素养，但在学生可能面对来自同伴的质疑或对自我建立一种否定认识的关键时刻，教师需要慎重地把关和协调，避免让学生过早地认为"自己比别人差"，从而产生一种自己不如别人的不良心理。教师不妨扪心自问："我们能为那些暂时落后的学生保密，不让别人知道他们比别人差吗？我们的教育愿意给他们慢慢努力的时间吗?"

给后进生机会，不仅要给后进生改正错误和慢慢成长的机会，还要给后进生展示才能的机会。许多后进生并非什么都差，他们也可能有潜力，也可能有才艺，也可能有特长。

案 例

陈同学成绩欠佳，尤其是英语经常不及格，但他的历史成绩在班上数一数二。而且，他很有音乐才华，在初二的一次文艺比赛中，他代表我们班演唱那首《光阴的故事》时，全场报以热烈的掌声，当他亲手从老师手中接过鲜红的二等奖证书时，是何等的喜悦和自豪，而同学们又是何等敬佩他。从此，每次主题班会课，同学们都会热情地请他高歌一曲。

作为班主任的我，第一次发现这个孩子的闪光点。于是我与他悉心沟通，肯定了他的音乐才华和历史成绩，并在学习方法交流会上，请他介绍学习历史的方法，这大大增强了他的自信心。

我又趁热打铁，提出希望——消灭英语不及格现象，并与他一起制订英语奋斗目标，拟定每天的学习计划，同时安排成绩好的同学给他一对一补课。慢慢地，他重拾了学习英语的信心，英语成绩由五十多分到六十多分到八十多分。今年中考，他以优异的成绩考上了县重点高中。

又如，一位后进生非常自卑，常常为自己的成绩而苦恼，但她天生一副好嗓子，音色甜美。教师就抓住这一点，经常给她提供范读的机会，并在全班学生面前表扬她，一学期下来，她活泼、开朗了很多，成了班中的朗读能手，学习成绩也有所提高。

后进生也做着两种梦，一种是能下台阶的梦，一种是能上台阶的梦，我们要做圆梦之人，创造一切机会，让他们做好梦。

王友用泥块砸同学，陶行知当即喝止了他，并让他放学后到校长室。王友早早站在校长室门口准备挨训，陶行知却掏出一块糖："奖给你，因为你按时来到这里。"王友惊讶地接过糖，陶行知又掏出一块糖："这块也奖给你，因为我不让你再打时，你立即住手了，说明你尊重我。"王友更惊讶了，陶行知又掏出第三块糖："你砸那些男生，是因为他们欺负女生，说明你有跟坏人做斗争的勇气！"王友感动极了，流着泪后悔地说："我错了，我砸的不是坏人，而是我的同学呀！"

有人说："当学生发现你在教育他的时候，你的教育已经失败了。"这是因为如果学生发现你在教育他，就会产生戒备心理和抵触心理甚至逆反心理，会感觉浑身不舒服。后进生尤其如此。所以，教育后进生更应该讲究策略，其中有一种策略就是不露教育痕迹的潜移默化或者不正面发生教育冲突的另辟蹊径，让后进生在"没想到"中乐于接受。

例如，在一节体育课上，一位调皮的学生没集合就和几个同学偷偷溜走打篮球去了。被体育老师发现后，他们垂头丧气、闷声不响地来到体育老师面前，没想到老师说："去，一人找一根树枝。"难道要体罚？当他们忐忑不安地捡回树枝后，老师又说："去，一人抓一只蚂蚁。"这是怎么回事？当他们充满疑惑地每人抓回一只蚂蚁后，没想到老师又说："去，围着操场给我赶一圈！"此时，他们恍然大悟，扑哧一声笑出来，在愉快的气氛中向老师承认了错误。

又如，几个学生打架，教师问清缘由后说："你们回去后，每人写一篇日记。”“写日记”与“写检查”，给学生的感觉大不一样，学生写起来就没有那么大的压力，可以说出自己的一些心里话。在此，我想起了这样一个故事。

案例

一天，几个淘气的学生为了看一看动物的内脏，把校长的宠物狗给杀了。校长非常生气，但他的处理方式让人意想不到：罚学生画一幅人体骨骼图和一幅血液循环图。闯了大祸的学生只得认真地画好了两幅图交给校长。校长看后非常满意，便免去了对他们的处罚。没料到，校长的惩罚竟然激发了学生对解剖学的极大兴趣。那位带头杀狗的“坏学生”就是后来获得诺贝尔奖的英国解剖学家麦克劳德。

由此可见，如果把思想教育另辟蹊径到知识教学中，有时候能产生衍生功能，如上述故事中所讲的那样，意外地激起学生的学习后劲。在此，教师所采用的教育方式或许是学生所没有想到的，而学生所产生的学习后劲或许也是教师所没有想到的。

这种不露痕迹的教育还可以通过创设隐含教育的环境而实现，让学生在不知不觉中受到教育，在不知不觉中改变行为。你可以叫家长把孩子送进学校，你可以用教鞭把孩子赶进教室，你可以提高嗓门吸引孩子的注意，你可以瞪着眼睛监视孩子的学习……但它们远不及通过营造良好的学习氛围吸引孩子、留住孩子来得高明。这良好的学习氛围或许可以称为学习文化，它已经超越了物质层面，进驻孩子的心中，成为一种精神追求。

我记起在小学当班主任，自学大专课程的那段时间，课余时间我就在教室里抓紧“啃”读《中国现代文学作品选》等中文课程。不知怎的，围在我身边的学生一日比一日多，他们一会儿瞧瞧我的脸，一会儿看看我的书，一边还维护着秩序：“别挤着老师。”“别吵着老师。”有一次，一名学生提议要我读些作品给他们听，我欣然答应了。学生们那专注的神情与我朗读的认真相映成趣。后来，我为了减少“牵挂”，就与他们商量能否到图书室自己借阅由我推荐的一些课外读物，他们欣然同意。从此，教室里少了喧闹声，多了读书声，游离在外的几个顽皮的学生也不好意思再打闹了，慢慢地随了“大流”，融入了书的“海洋”。我考完专科，随之送走了一批爱读书的学生。

原来，要让学生特别是后进生读书，有时候并不需要我们苦口婆心地反复劝说，只需要我们自己默默地读书。这种“另辟蹊径”的教育计策新东方教育集团创始人俞敏洪也用过。

案例

一次，俞敏洪在家做了一个试验，要求爱人和女儿跟他一起看书。一开始，儿子一个人在边上玩，玩着玩着发现一个人特没劲儿，便也从书架上拿了一本书装模作样地看起来，尽管儿子当时还不识字，看不懂。“这就叫环境氛围。”俞敏洪说。

环境就是一种教育。教师就是环境，因为天生的向师性会吸引学生围在你的身边。

环境也是一种教学。人总处在生活环境中，任何知识都可以在生活中找到它们的影子。耳濡目染，再多再难的知识与技能也可以在日常生活中学会，所以生活本身就是一本很好的教材。我们可以为后进生开辟这样的生活课堂，让他们置身于隐含知识的环境中潜移默化地学习。

首先，让后进生在学校里看到知识。学生的学校生活不仅仅在课堂，学生对知识的学习也不应该只局限在教室之内，知识的教学场所和教学场景有时也可以在校园中。

例如，教学“认识千米”前，教师可以让喜欢体育的后进生在体育中学数学：先到100米跑道上走一走，数一数大约要走多少步，再绕200米跑道跑5圈。之后回到课堂，后进生也能有感而发、有话可说了。

同样，教学“轴对称图形”前，教师可以让喜欢美术的后进生在美术中学数学：组织学生开展剪纸活动，把一些对称的简单剪纸作品贴在教室的墙壁上，让后进生模仿着剪一剪，然后将他们的作品贴在一起让同学观赏。在实际的剪纸过程中，在相互比较的过程中，后进生会为了让自己的作品更美观而积极寻找剪纸的有效方法，从中会慢慢领悟到剪纸的对称特点和对称方法。等到正式教学时，知识的引出就容易多了。

又如“认识时间”一课，我们也可以让环境教会后进生。教师只需要布置这样的环境：开学初在教室前面挂一个钟表，每天时不时地问问后进生“现在是什么时间”，当他们发现老师每天都要问后，就会千方百计地去弄清楚怎样看钟表，或者向会看钟表的同学请教，或者向父母求教，或者去看书，经过一段时间，无须等到正式上这节课，他们就已经认识时间了。会看时刻之后，教师可以接着问：“经过了多长时间?”这样的日常提问又会促使他们想办法学会计算时间。

同样，教学“24时记时法”前，教师可以专门设置这样的“生活”环境：(1) 把张贴在教室里的作息时间表换成用24时记时法记时的作息时间表；(2) 把挂在教室前面的钟表换成用24时记时法显示时刻的电子表。日久天长，学生习以为常后，自己就学会24时记时法了，学优生与后进生的区别只在时间先后不同。

其次，让后进生在家庭中看到知识。家庭同样是学生学习知识的重要场所，例如，让学生做家庭小会计，帮父母管理日常生活开支，在记账和管账的过程中，学生不仅可以真切地感受到生活中节约开支的重要性，还可以应用在学校学的知识，如统计、计算、正数与负数、数量关系等，做到学以致用。

又如，让学生特别是后进生在假期经常跟父母去菜市场或超市购物，在结账的过程中，他们同样可以学到和用到许多实用的知识，如简算、折扣等。

最后，让后进生在社会中看到知识。社会生活是知识的大熔炉，不仅是学生学习知识和运用知识的场所，而且是学生学会交际的场所。所以，有些知识的教学，教师完全可以让学生特别是后进生身临其境，通过让学生参与社会活动来实施教学活动，让他们在“游泳中学会游泳”。例如，教学“百分数的认识”时，可以让学生到生活中去收集有百分数的商品标签或新闻报道，这种具有实际意义的百分数信息，学生看得多了，对百分数的意义自然会有所领悟。

又如，教学有关“百分数在储蓄中的应用”的知识，只需要让学生去银行进行储蓄，学生就会学到本金、利率和利息等知识，以及用百分数知识计算利息的方法，接着在储蓄期限和方式的选择上训练学生，如让学生计算“存三年，每一年连本带息转存与直接存三年相比，哪一种存法收益多?”，学生会更加深入地运用百分数知识。这种生活技能，后进生同样很想掌握。

由此可见，要让后进生学习有后劲，我们的教学不能局限在课堂中，而应该树立大教学观，这是因为后进生起步慢，更需要时间的浸透和环境的浸染。所以，聪明的教师不会把知识只放在课堂上面对面、手把手地教给学生，而会利用一切可以利用的时机前置教学，让学生特别是后进生在时间的延长中慢慢领悟知识；还会利用一切可以利用的环境进行教学，让学生特别是后进生在空间的延伸中逐渐领会知识。可以说，让学生自己教会自己，是教师教学的最高境界。

第9计 寻找优点

教育不是『找差』而是『寻美』

1997 年 5 月 8 日，时任联合国秘书长的安南对中央电视台《焦点访谈》记者讲述了他少年时期的一个故事：“有一天，我的老师在黑板上挂了一张白纸，白纸的右下方有个明显的小黑点。他问我们：‘同学们，你们看到了什么?’‘一个黑点。’我们整个教室的人几乎都做出了这样的回答。‘不能这样，孩子们，你们不能这样，这首先是一张白纸!’老师说道。”

我们受文化背景、生长环境、教育氛围的熏染，在自我评价方面，往往表现出“中庸”“自我贬抑”的倾向，不敢或不善于张扬自己，怕引起他人非议。反映在孩子身上，就是当你让孩子说说自己有哪些优点的时候，很多孩子往往对自己的优点说不出几个，而对自己的缺点却能说出很多。在后进生身上更是如此，他们评价自己，几乎是全盘否定。

案 例

今天，语文老师扔下了一个重磅炸弹——“寻找闪光点”。

“闪光点?”“天哪！我什么时候闪过光啊?”

看着一头雾水的我们，善解人意的语文老师又说道：“你的闪光点不一定要像电视上那些新闻人物一样光芒万丈，哪怕像萤火虫一样微弱的亮光，只要能够照亮自己或者他人就可以。”

已经过去大半节课了，我搜肠刮肚，纸上却依然一片空白，我觉得自己一无是处，完全找不到什么优点，一大堆缺点倒是不请自来。

我胡乱地翻着周记本，发现在我的作业下面有几个鲜红的“优”字，于是我的心里慢慢升腾起一种自豪感来，老师刚才说过：“抓住能让你生出自豪感的那一瞬间，把它们写下来，那就是你的优点。”我终于找到自己的优点了。

语文老师站在我的身边，看着我的文章笑了，那笑容像春天和煦的微风，我的心头仿佛一瞬间开出了一朵花。

我凝视着她，这才理解了老师的良苦用心。是啊，即使是一株小草也有属于自己的春天。

事实上，学生们身上并不缺少闪光点，哪怕在后进生身上也总能找出一些闪光点，只是我们缺少发现美的眼睛，缺少寻找闪光点、放大闪光点的意识。对后进生，许多教师更是戴着有色眼镜，用批判的眼光看待他们。开展寻找闪光点的活动，不仅可以让学生自己寻找，还可以让同学帮着寻找。在活动最后，我们应该让学生懂得这样的人生道理：如果一味盯着自己的缺点，那只会让自己越来越差，如果一味盯着别人的缺点，那只会使自己的朋友越来越少。

心理学上有一个“视网膜效应”，简单地说，就是当我们自己拥有了一件东西或某种特征时，我们就会更加注意别人是否跟我们一样拥有这件东西或具备这种特征。卡耐基说：“每个人的特质中大约有80%是长处和优点，而20%左右是我们的缺点。”当一个人只盯着自己的缺点，而不知发掘自身优点时，“视网膜效应”就会促使这个人发现他身边也有许多人拥有类似的缺点，进而影响他的人际关系，其生活也不会快乐。

学生会产生“视网膜效应”，教师也会。教师对后进生不好的第一印象常常会使之对后进生产生“好不了”的第二印象、第三印象……而教师“好不了”的看法又会强化后进生“好不了”的思想意识，结果使得后进生的表现越来越差。

其实，每一位学生不正像一张白纸吗？大多时候，我们注意到的只是它上面的黑点。对后进生而言，只是这个黑点更大一点儿而已，但还不足以让白纸变成黑纸。遗憾的是，许多教师还在人为地加大黑点的面积，我们经常听到老师这样批评后进生“你简直笨死了”“你简直一无是处”，这样的行为不正在放大那些黑点吗？

有一位学生的作文，从头到尾仅用了几个标点，教师生气地批道：“你难道不会用标点吗？先把标点加好了再交上来。”结果这位学生依然我行我素。后来，这位教师换了教育计策，反过来把那几个仅有的标点符号都用红笔圈出来，并写道：“这是全文最精彩的地方，老师希望能够多看到几处。”果然，之后这位学生把作文中的标点都加好了。这就是白纸和黑点的道理，当你只看见白纸时，黑点会越来越小，当你只盯着黑点时，黑点会越来越大。

我们可以借用“白纸和黑点”的比喻来解说“教师与后进生”的教育问题，我们还可以借用“孩子和珍珠”的比喻来进一步解说教育问题。平时，我们喜欢把好学生比作珍珠，但许多人或许不知道，许多珍珠都有瑕疵，如果非要去掉它，可能珍珠就不再是珍珠了。

有位渔夫捞到一颗大珍珠，晶莹圆润，美中不足的是珍珠上面有个小黑点。渔夫心想，如果能把小黑点去掉，珍珠就完美无瑕了，一定会成为无价之宝。于是，他就开始耐心地削刮黑点。可是去掉一层，黑点依然存在；再去掉一层，黑点还是存在；再去掉一层……最后黑点终于被去掉了，不过，令人惋惜的是，这颗硕大的珍珠也已不复存在。

后进生如同有着黑点的珍珠，只是黑点稍微大一点儿和多一点儿罢了！他们，也许一时成绩不好，也许一时习惯不好，也许一时纪律不好……我们不一定非要盯着他们的“黑点”，去消灭它，我们可以反过来想办法增加珍珠的光彩，增加白纸的面积，此时黑点就会显得微不足道了。这种做法也就是教师要用欣赏和发展的眼光看待后进生，发现其闪光点，放大其优点，此时他们身上的缺点自然会慢慢淡化甚至消失。

事物总在不断地发展变化，后进生也在不断进步，所以教师看待后进生的眼光不能一成不变，应该拿他们的今天与昨天比，而不是拿他们与学优生比。哪怕他们有了一点儿进步，如考试及格了、打扫卫生认真了、上课举手回答问题了，也应及时给予肯定和鼓励。另外，知错能改亦可看成后进生身上的闪光点，例如，“迟到大王”迟到次数少了，“打架大王”打架次数少了，哪怕少了一次——这对其他学生来说或许算不上优点，但对后进生来说，却难能可贵，我们要及时发现，及时表扬。

案例

有一个学生，她报到的时间比别的学生晚了一个月，导致学习一直没有跟上来，平时也不爱说话，但她上学从不迟到，每次做值日总是特别认真。教师就针对这些优点在班级内给予她肯定和表扬，慢慢地，她的性格越来越开朗，学习成绩也提高了。后来，教师安排她当卫生委员，之后，班级的卫生考评成绩一直排在学校的前列。

或许，一句表扬在好学生心里并不那么重要，但在后进生心里往往能激起很大的涟漪。后进生因为常常被批评，渐渐丧失了自尊心，往往会产生对什么都无所谓的心理：反正自己在教师心目中已经是反面教材，在同学心目中已经是引以为戒的角色，干脆破罐子破摔算了。而寻找闪光点能让后进生看到自己的“好”，唤起对美好明天的向往和追求，最终改变他们的破罐子破摔心理。

在现实中，学生身上的许多闪光点常常一闪而过，这就需要教师善于发现、善于捕捉，并能把它积极转化为教育的契机，从而创造教育的奇迹。有些后进生或许什么都差，就像下面案例中的那位后进生一样似乎是一张黑纸，但只要能闪过一丝亮光，就会非常夺目，如同在一张黑纸上有一个白点那么抢眼、那么夺目。如果有，我们就应该及时抓住这个“白点”，使之越来越亮、越来越大，最终驱逐学生心中的“黑暗”。

案例

有一个学生，上学经常迟到，张口就说脏话，值日从来不做，见了老师也从不打招呼，从他身上几乎找不到任何优点。但有一次老师在学校外碰见他，他主动跟老师打招呼，老师就抓住这一点，在班级里表扬了他。虽然当时他不以为然，但从那以后，他每次见到老师，都会主动打招呼，老师也每次都表扬他，渐渐地，他在其他方面的表现也越来越好了。

无数教育实例告诉我们，小学生的上进心更多地来自他人和本人对自己的正面肯定、积极评价，后进生更在意别人的评价。高明的教师不会让后进生“知耻而后勇”，而会采取“支持而后勇”的办法，也就是说高明的教师会支持后进生找到自己的闪光点，哪怕只有那么一“点”，也足以照亮前程。

这一点可以从诺贝尔化学奖获得者奥托·瓦拉赫身上得到印证。奥托·瓦拉赫在读中学时，学习成绩很不好，面对如此“笨”的学生，化学老师并没有放弃，而是积极寻找他身上的闪光点，用激励性的评价如“做事一丝不苟，具备做好化学实验应有的素质”给他以动力。智慧的火花一下被点燃了，他变成了公认的化学方面的“前程远大的高才生”。

作家陈庆祥说：“如果你能说出孩子10个优点，你是个优秀的家长；如果你能说出孩子5个优点，你是个合格的家长；如果你连孩子的1个优点都说不出来，那你该是个‘下岗’的家长!”作为教师，也有义务去发现学生特别是后进生的优点。

以后进生的爱好引发其学习的兴趣

面包商杜维诺试着将面包卖给一家饭店，但连续四年都失败了。后来，他听说饭店经理当选为“国际招待者协会”的主席，再次见到经理时，他只字不提面包销售之事，只和对方谈“国际招待者协会”，这一下子就打开了经理的话匣子。在他离开前，经理“卖”给了他一张协会的会员证。很快，饭店的采购部打来电话，让他把面包的样品和价目表送过去。四年努力未成，一朝交谈得手，全在于“投其所好”。

如何打动顾客是一门艺术。打动顾客的最佳方式，是跟他谈论他最感兴趣的、最喜爱的事物，即投其所好。经营者必须首先了解顾客的爱好，说他喜欢听的话，这样，成功就很可能会光顾你。

商业如此，文化亦然。例如，中国人把龙作为图腾，但是西方人认为龙是凶狠霸蛮之物、不祥之物。如果明明知道西方人不喜欢龙，仍然向其输送龙文化，就会适得其反，不仅输送不出文化，反而会碰一鼻子灰。

商业、文化如此，政治亦然。美国前总统罗斯福为了投其谈话对象的“所好”，都会在客人到来的前一天晚上“备课”，翻阅他所知道的这位客人特别感兴趣的话题。

商业、文化、政治如此，教育更是如此。教育从根本上说就是成人之美，特别是要让后进生也有美好的明天，有一种非常有效的做法就是“投其所好”。有时，当我们迎合了后进生之“所好”，就可能会赢来后进生的“好”上加“好”——“思想好＋学习好”的喜人局面。

案 例

当获知喜欢打篮球的后进生小可偷了体育室的篮球后，我决定采用投其所好的计策来教育他。

课余时间，我抱着一个新篮球来到操场，问小可：“这个篮球怎么样?”“很好。”他在地上拍了拍。“我们俩来场比赛吧！比赛结束后，不管输赢，这个篮球都是你的了。”“真的?”他欣喜地问。“当然。”我肯定地回答，“开始吧。”结果我以 8∶5 获胜。“技术不错嘛。”我称赞道。他傻傻地笑着。

回教室的路上，我对他说：“今天体育老师为何找你谈话，我知道原因，你做错了吧？一会儿去给老师认个错，并保证把篮球还回去。别再做这样的傻事了，好吗?”他不好意思地点点头。“以后，只要你作业做完了，就可以到操场上打篮球，怎么样?”“好。”他愉快地回答。“在班上组织一个篮球队吧，有兴趣吗?”“耶!”一声欢呼代替了所有的回答。

从那以后，小可的表现有了很大的改变。上课不再故意捣乱了，作业也能认真完成了——尽管有时还有错误；打人的次数也少了很多，经常会看到他和他的队员们愉快地在一起谈论篮球的事；更难得的是，班里的大小事情他都抢着干，扫地、搬桌子、端饭菜，像个小大人一样。看到小可的进步，我很欣慰，他的父母也很开心。

上述案例中，教师采用了“投其所好”的教育计策，从小可的兴趣爱好入手，让小可欣然接受自己的提议——一起打篮球，然后教师用自己高超的篮球技艺换来小可的敬佩之情，使小可乐于接受老师的建议——归还偷来的篮球以及由他负责组建篮球队，老师的深情厚谊不仅使他在思想上向好的方向转变，也使他在学习上有了后劲。

在生活中，如果你想与某个人交流，有一种策略是从共同关注的话题开始。有个人看空中的飞机，如果你也抬头看，很快，对方会发现你，并可能立即与你交谈几句。沟通显得如此自然，研究人员把这种现象称为“关注引导”。如果把飞机换成广告牌，他看，你也看，此时你们有了共同的关注对象，即产生了“联合关注”，随之他会很自然地发现你的存在，你们可能会因这个共同的话题交谈起来，甚至谈到更多其他的话题……最后的结果，就如上述案例中的故事那样，因为彼此的共同关注，让彼此的关系拉近了，甚至成为朋友。

又如，一位后进生喜欢花花草草，教师投其所好，成立了以班长为负责人、这位后进生为技术专家的班级环境布置小组，要求他们把班级布置成绿色生态教室。一周之后，小伙伴们都惊呆了，教室里有了竹子、吊兰、兰花……墙上贴着写有各种花花草草的浇水时间和温度喜好的表格，教室四个角落挂上了每种花的花语。紧接着的班会课上，这位后进生又作为主讲人展示了他们的研究成果，获得了同学们的啧啧称赞，这让他获得了前所未有的自信。趁热打铁，教师又邀请这位后进生到自己家里进行环境布置。一学期下来，这位后进生学习劲头十足。

借助后进生的兴趣爱好，教师可以不露痕迹地解决后进生的思想问题。如果说上述案例中后进生的兴趣爱好本身没问题，教师较好借力，那么下面的案例中后进生的兴趣爱好在成人眼里就是有问题的了，不过这位教师很高明，巧妙地从后进生的这一不良爱好中找到新的教育契机，逐步引其走上正道，使其有了一个新的兴趣爱好，并从中获得了更好的发展。

案 例

小A的父母向我反映："请您做做我儿子的思想工作吧，他现在上网的次数越来越多，昨天下午和晚上一直在玩网络游戏。"

我找到小A："听说你电脑用得非常熟练，我想请你帮忙建个网站，把咱们班同学的作文放到上面，你愿意吗?"小A兴奋地答应："没问题!"一篇篇美文出现在我俩建的"happy文学一号"网站上。

一天，他兴冲冲地跑来："快看，我们投稿的作文获奖了。"看到他兴奋的表情，我也抑制不住地兴奋起来，当然，更重要的是为他不再沉迷于游戏而高兴。

之后，我又让他用电脑设计校园平面图。为了设计好校园平面图，他利用节假日在网上自学了相关知识。从此，他一有时间就自学有关电脑的知识。同时，他还在网上听英语讲座，节假日和我在网上谈心。现在他已经是九年级的学生了，为了学业，已经不再上网，他的学习成绩由原来的年级200多名跃居到前10名。

上述案例中，小A之所以能够取得如此优异的成绩，应该说与教师采用了“投其所好”的教育计策慢慢引导他健康上网有关。

有些后进生之所以后进，是因为贪玩，这样的学生，常常会因为学习成绩不好而被父母和教师剥夺玩的权利。其实，家长和教师应该明白，玩是孩子的天性，只要引导得好，或许他们能够玩出名堂。正如上述案例，如果只在电脑上玩游戏，孩子就容易沉迷其中，如果能够玩出学问来，我们就应该让孩子“兴”这样的“趣”、“爱”这样的“好”，不过这需要教师引好路。

学生的兴趣爱好可能发展为其特长，后进生也可能从爱好中发展出一技之长，对此，教师可以抓住后进生这一“好”，发扬它，发展它，以此转变后进生。

案 例

我班有一个学生，脾气暴躁，教过他的老师都告诉我千万别惹他。在几天的相处中，我发现他是个善于演讲的孩子。我心中一亮，计上心头：让他参加学校组织的演讲比赛！结果他表现得非常出色。我借机与他进行了一次谈心：“你看你演讲得这么出色，老师和同学们都对你刮目相看了。所以，以前一些不好的习惯也要试着改一改，这样会更让人喜欢的。”

他回家后跟妈妈说：“今天，我站在演讲台上时特别紧张，可当我看到老师对我充满信心的眼神时，我便放开胆子讲了，老师和同学们都给我鼓掌呢！”后来，在班中他很少发脾气了，而且学会了遇到问题时先反思自己的错误。

在教学中，我们也要尽可能地投学生所好，这对后进生尤显重要，因为后进生大多缺乏学习的兴趣。用学生感兴趣的东西来激起学生的学习兴趣，作为一种计策用在课堂教学上，可以从两个方面来理解：一是将教材内容灵活处理，让其变成学生感兴趣的东西，从而激起学生对这些内容的兴趣；二是在教学过程中，可以运用一些学生感兴趣的内容来吸引他们的注意，让他们的精神处在兴奋的状态，从而防止他们出现“注意疲劳”。

一位语文教师在解释《师说》中“生乎吾前，其闻道也固先乎吾，吾从而师之；生乎吾后，其闻道也亦先乎吾，吾从而师之。吾师道也，夫庸知其年之先后生于吾乎?”这句话的意思时，打了一个比方：“比如，玩网上偷菜游戏，你们就比我在行，我得向你们学习。”学生听了哄堂大笑，他们都知道网上游戏“开心农场”，一些后进生对此更是在行。老师这样说不仅吸引了学生的注意力，还让教学气氛变得更轻松了，并让后进生轻松地理解了这句古文的意思。

第11计 雪中送炭

及时给学生送上最需要的帮助

有一年冬天很冷，宋太宗点上炉火，穿上皮大袄还觉得冷，他思虑道："天气这么冷，那些缺衣少柴的百姓肯定也很冷。"于是下令给全国的贫苦百姓送去木炭。人们很高兴，非常感激宋太宗。雪中送炭的寓意是在别人有困难时给予物质上或精神上的帮助。

孔子的学生公西赤出使齐国，冉有替公西赤的母亲请求安家米粮。孔子说："给她六斗四升。"冉有请求多给一些，孔子说："再给她两斗四升。"冉有不顾老师的意见，足足给了八十石的安家口粮。孔子语重心长地说："公西赤在齐国会过得很好，他完全有能力解决他母亲的生活。正所谓君子周济急需，而不给富人添富。"意思是没有必要为生活已很富足的人锦上添花，而要去周济那些穷困的人，为他们雪中送炭。

有人曾经这样说：你不用过多倒茶给达官显贵们喝，倒是那些穷困苦难人家，你要斟茶递水，因为他们会久久记住你并感恩在心！此话与孔子的观点如出一辙：与其替人锦上添花，不如为人雪中送炭。因为繁花已似锦，再添一朵又可以增艳几分？锦上添花的人太多了，被添花者未必记得你是谁。

然而，世态人情，常是锦上添花者居多，而雪中送炭者却少得可怜。当你落泊潦倒或势单力薄之时，能够站在你身边，真正给你温暖、支持和帮助的人有几个？一个失意的人，或许不怕跌倒之痛，但一定怕被遗忘。此时，一点点来自别人的关怀，即使是星星之火，也会燃亮、温暖他的整颗心！当一个人饥寒交迫时，你给他几个馒头一碗热汤，他会心存感激，一辈子记住你。

生活如此，教育也如此。花可以养眼，炭却可以暖心。花团锦簇如过眼烟云，转瞬即逝；永驻心中的也许正是那点点雪中的炭火。替人锦上添花者，也许获得的只是一个礼貌的表示感谢的微笑，而为人雪中送炭者获得的却是发自内心的感激，感谢和感激显然分量不同。

台湾作家林清玄曾这样给千万富翁们讲“财富”，他说：“有一次，我在上海百货橱窗看到一个标价 100 万元人民币的鳄鱼皮包，惊讶得不得了，因为那一年我在陕北花了不到 20 万元人民币就盖了一所希望小学。”对贫困地区的学生而言，盖一所不到 20 万元人民币的小学要远比送他们一个 100 万元人民币的鳄鱼皮包有用得多，也就是送书包要比送皮包更有意义。

在后进生中，也不乏贫困生，甚至有的就是因“贫困”而致“学困”，他们有的可能为了谋生而没有时间学习，有的可能因为没钱吃饱、吃好而使身体吃不消繁重的学业，有的可能因为没钱购买更多的学习资料而落后。所以，给这些学生送上一些物质援助，可以解决他们眼前经济上的困难，温暖他们的心灵，换来他们的感激，然后这种感激之情就会成为他们学习的动力，因为他们知道对于他人的这种善意帮助，回报的最好方式就是不负师望——在学业上有所进步。

案 例

一位班主任把一个成绩不是很好、家境也不是很好的女孩叫到办公室。女孩一坐下，老师就把一个红包塞到她手里，说：“这是你爸送给老师的。他想让你多受点关照，只是他的办法不对，你不要怪他。你自己留着用，或者毕业后再还给你爸，暂时不要让他知道这事。如果他认定老师收下了这个红包，会比较安心。如果知道被退回去了，他一定会有多余的担心。”女孩一言未发，在离开时，向老师鞠了一躬。

后来，这个本来成绩一般只能读专科的女孩，考上了云南大学，读了本科。这个女孩每年都会回来看自己的老师，而且会带很多好吃的，每次都会把老师的办公桌堆得满满的。

在现实生活中，确实有一些家长给老师送红包，他们无非想让老师能够多关心他们的孩子，这种心情可以理解。然而，学校制度规定教师不能接受家长的红包，所以教师大多会退回家长送的红包。上述案例中，教师接到的是一个贫困生家长的红包，他从中看到了激励贫困生的良机，变直接退回为间接退回，与学生私下“交易”，既退回了红包，又补充了学生的生活开销和学习开销，对这位贫困生而言无疑是雪中送炭，同时让这位学生对教师的正直善良深有感触，从而以实际行动报答老师，考上了好学校，为自己和自己的老师争了光，报答了关心自己的老师。从“每年都会回来看自己的老师”这一行为可以看出，教师雪中送炭的情意换来了师生之间最真挚的情谊。

或许我们认为贫困生需要雪中送炭，其实后进生同样需要雪中送炭，因为他们同处“雪”中，前者遇到的更多的是经济困难，后者遇到的更多的是学业困难，所以他们所需要的“炭”，一个是更多的经济补助，一个是更多的学业指导。上述案例中，这位学生“成绩不是很好、家境也不是很好”，由此更加需要教师的雪中送炭，而教师也正是看到了这一点，采用了在经济上雪中送炭的方式促使她在学习上的自我转变。

然而，许多教师往往只钟情学优生，认为“提优”要比“补差”有价值得多。其实，给后进生雪中送炭的意义和价值要高于给学优生锦上添花。因为后进生的上升空间要远大于学优生的上升空间，例如学优生的成绩已经超过90分了，虽然与100分只有几分之差，但每上升1分，都需要花费很多的精力，并且这几分对学优生在班级的排名影响不大，而学困生的成绩要提高几分相对容易得多，并且会因教师让他有所进步而真正心怀感激。

案 例

王老师是我上汇文中学时的班主任。她是个很有责任心的老师，但遗憾的是年少的我们似乎喜欢故意和她作对，不是在班里厮打胡闹，就是上课时吵闹不休，给她惹出了不少事端。之后，我转学到崂山中学。

我初到崂山中学，在学习上有很多不适应，尤其是数学成绩一直在中下游徘徊。王老师得知了这个情况，便主动表示愿意利用周末帮我补课，让我尽快赶上其他同学。每次补习王老师总是耐心、细心地给我讲解基础知识，所有我做过的题目，她都让我当着她的面再重做一遍，然后耐心指正我解题方法中存在的问题。遇到一题多解的题目，她必定会把所有的解法一一教给我，并仔细地分析它们之间的不同之处，帮助我更好地领会解题要领。在她的帮助下，我的数学成绩开始有了起色，在期末考试时拿到了 97 分的好成绩，我特别开心，特别感激王老师。

可是当我爸妈几次都想给王老师补课费时，她却坚决不收，弄得我感激在心却难以表达。从那以后，逢年过节我都去看望王老师，我取得了好成绩王老师跟我一起高兴，我学习上松懈了，王老师则苦口婆心地教育我。她的话，既是我前进道路上的动力，又是一种鞭策，给我鼓励、催我奋进！

实际上，学优生大多不需要教师的锦上添花，因为他们具备了一定的自主学习能力，常常需要的只是教师的一次点拨。水烧到 99 度还差 1 度，对于学优生来说，多烧这 1 度可能需要的不是知识本身，而是有人帮他设定目标、分析学习能力。而后进生之所以后进，很多情况下是因为学习能力方面有欠缺，这就非常需要教师的雪中送炭。

由此可见，学困生更需要教师的扶持，而学优生更需要教师的放手。曾经有一个学优生，因为老师总是盯着他，想让他好上加好，他在忍无可忍之下，对自己的老师大吼：“我的成绩不是你教出来的!”这让老师目瞪口呆。是啊，快马何须加鞭！然而，我们的教师总是以学优生的成绩作为自己的业绩，殊不知学优生往往不是教师教出来的——或许这位学优生的呐喊可以让我们的教师清醒。

在满足后进生『心想』中实现『事成』

百事可乐公司的“激浪”销路一直不错，而后来可口可乐公司推出的类似口味的“沃特”尽管定价便宜，但销路不佳。对此，可口可乐公司推出“买激浪送沃特”活动。百事可乐公司乐坏了，这不是给我做促销吗?！谁知事情发生了根本性的变化——无数人纷纷改喝“沃特”。其实，销路不佳是因为消费者不知道“沃特”，可口可乐公司的推销活动正是利用“激浪”较高的市场认知度来顺水推舟销售“沃特”的。

后进生之所以后进，大多是因为不喜欢学习；之所以不喜欢学习，大多是因为不喜欢做作业；之所以不喜欢做作业，大多是因为不喜欢作业太多。“中国好作业”活动主办方公布的全国中小学生作业调查结果表明，“作业太多”“形式太单一”是学生评出的学校作业的两大毛病，且学段越高的学生对此越反感。

所以，要让后进生能够喜欢做作业，教师首先要设计“好（好的）作业”，让他们能够“好（喜欢）”作业。“好作业”，一要减少作业数量，二要提高作业质量，三要丰富作业形式。

除此之外，“好作业”，还要在作业布置上讲究技巧，特别是对后进生，要根据他们的普遍心理特点设计作业。例如，后进生最怕抄写，既然他们最怕抄写，那我们不妨让他们自己决定抄写的遍数。

案例

有一位教师布置抄写作业时，板书“这节课的生字抄写

（ ）遍”，让学生自己填写数量。

刚宣布完规则，学生就“啊”声一片，一些后进生更是感到惊讶。一位胆子大的后进生故意问：“括号里可以填‘0’吗?”

“当然可以啊。只要明天你保证能够默写得出，填‘0’也可以。”老师回答道。

“好啊，我就试试不抄写能不能默写出来。”这位后进生挑战老师的同时也在挑战自己。

“好，有魄力！祝你成功！”老师为他竖起了大拇指。

他得意地坐下。为了不让老师和同学认为他在吹牛，他开始抓紧时间默记新学的生词，一改平日贪玩的作风。

可能有教师会担心这样要求学生，学生特别是后进生会偷懒，其实大可不必担心，因为研究发现，人一旦做出了选择，就会为自己的选择负责到底。如果明天默写不出，那时再罚抄，哪怕罚抄20遍，他们也是心甘情愿的，因为这是自己选择的结果。

当然，教师更高明的做法是，给一般学生规定抄写遍数，而只对一些后进生额外“开恩”，允许他们自定抄写遍数，前提自然也是保证第二天能够默写出来。此时，后进生会深深感受到教师的开明，反而不好意思敷衍对待了。

另外，根据后进生也希望获得奖励的心理，我们还可以把少做作业作为对后进生的奖励。例如，我们可以实施“积分储蓄法”，给每个后进生准备一本“存折”，只要他们有进步就可以获得奖励，然后把获得的奖励换算成分数，积累一定的分数就可以减少作业量甚至免做作业。

反过来，我们也可以把多做作业作为对后进生的奖励。首先，教师可以对学优生有了好的表现后实行题目奖励，让后进生感觉到多做题不是惩罚，而是奖励，之后教师就可以对一些表现好的后进生也实行此种奖励方法，此时后进生同样会乐于接受。当然，教师应该根据学生层次的不同奖励不同层次的题目，如对学优生奖励思考题，对后进生奖励巩固性习题或补助性习题。奖励的题目不在多，一两道足矣，但必须有针对性。

后进生普遍贪玩，我们不妨根据这一心理实施顺水推舟的教育计策，把玩耍也作为对后进生的奖励。许多教师和父母常常要求孩子做好作业后再玩，这样的强制行为，很多情况下会让孩子反感，觉得自己没有自由安排时间的权利。我们不妨试着允许后进生可以先玩后做作业，或许这样他们反而不好意思先玩了。

我们还可以允许学生特别是后进生做一会儿作业玩一会儿。因为在生理上，当学生用心做作业的时候，大脑的神经系统高速运转，一年级的学生大约在集中精力10分钟的时候，大脑的葡萄糖就供应不上了。而葡萄糖即血糖正是大脑工作时需要的能量，人体中2/3的葡萄糖都是用来供应给神经系统的。如果不主动终止大脑的工作，大脑就会由于缺少葡萄糖而形成压力，大脑为了转移这一压力，就会“指使”孩子去玩。此时的玩，完全是大脑的自我保护。当孩子玩了8～10分钟后，大脑得到了足够的葡萄糖，又有了精神，可以接着做作业了。这就是我们通常说的“劳逸结合”。

还有一些后进生喜欢边做作业边吃零食，这让许多父母都很恼火。对此，我们建议家长同孩子协商，先讲解边做作业边吃零食的坏处，然后允许他在做作业前吃，这种情况下孩子容易接受父母的意见。孩子做作业前最好吃点水果，因为水果里的果糖能很快变成葡萄糖。通常我们饮食中的葡萄糖含量不高，孩子学习了一下午，大脑累了，肚子也饿了，身体的葡萄糖也消耗得差不多了，需要及时补充。

在语文学习中，经常会发生后进生抄袭他人作文的现象，究其原因，主要是后进生作文基础差，没有很好地掌握写作文的方法，又不能不完成作业，而采取的一种“捷径”。对这样的后进生，教师不能点名批评，一旦伤了他的自尊，会导致其对写作文丧失兴趣。此时，教师不妨试试顺水推舟的教育计策，对其作文的哪怕一点点进步也要进行公开表扬，然后讲解这篇作文“好在哪里”，表面上是讲给大家听，实际上是讲给他听，借机进行作文方法的指导。最后，教师可以私下同他交谈，指导他写作文时如何做到内容的真实，如何结合自身的生活实际来写，指导他如何在日常生活中积累材料，写出自己的真心话，表达自己的真情实感。

这样，通过“一掩”——不张扬后进生的抄袭行为，“一扬”——表扬后进生的进步，“一导”——教给后进生写作文的方法，“一堵”——堵其抄袭作文的行为，以引导为手段，慢慢使其乐于自主写作。

考 0 分无疑要比考 100 容易得多。下面这则案例中的父亲非常巧妙地根据自己孩子这种不争气的叛逆心理，顺水推舟，就要求他考 0 分，最终，孩子好不容易考出了 0 分，却在不知不觉中变成了一个十分争气的好孩子。

案 例

一个孩子进入中学后开始叛逆、厌学，梦想成为像舒马赫那样的赛车手，还自豪地说道："舒马赫是我的偶像，他像我这么大时成绩也很糟，还考过 0 分，现在不照样当了世界顶级赛车手?"孩子的父亲听了并没有恼怒，而是笑着说："可你从来没有考过 0 分啊? 你如果考了 0 分，那么以后你的学业我便不再管，只要考不到 0 分，就必须服从管束。"儿子欣然同意。父亲继续说道："既然是'考'，就必须遵循考试规则，试卷必须答完，不能一字不写交白卷，也不能留着某些题目不答。"

君子约定，就这么生效了，儿子认为很容易，因为自己平时会做的题目大概只有五分之二。考试时，他会故意避开正确的答案。可是，第一次成绩下来，他却拿了可恶的"C"，他好像蒙对了几道题。

他坚信考 0 分比考满分要容易很多。第二次考试，第三次考试……他一次次向 0 分冲刺。为了早日考到 0 分，他不由自主地开始努力学习。一年后，他考到了梦寐以求的 0 分。此时，父亲才告诉他："有能力考到'A'的学生才有能力考到 0 分。"

故事中的父亲就是著名作家刘墉，儿子刘轩现在已经是哈佛大学心理学的博士、散文专栏作家及主持人，他说："的确，我承认我被刘墉——我的爸爸耍了。在这个赌局中，其实我的一举一动，都早已经在他的预料之中。……似乎在 18 岁以后，我就再也不去想做舒马赫第二了。我觉得我完全可以做到刘轩第一。"这里，刘墉采用了顺水推舟的教育计策，把考满分的要求换成考 0 分的要求，这让刘轩觉得更容易接受，并且愿意为了达到这个目标而努力。

教育，就是这么神奇的事，从不同的角度去考虑，如从孩子认为简单的方向去鼓励他努力，就会产生意想不到的效果。而这些，需要我们教师，不断去发现，不断去创新!

第13计 委以重任

『委托信用』，给后进生更多的责任担当

2012年欧洲足球锦标赛上，60多分钟，巴洛特利狂奔7000多米，打入两个精彩的进球。但不得不说的是，就在这之前，他还是意大利大多数民族主义者的嘲讽对象，说他能力平平不该被委以重任。有的媒体弄出一张巴洛特利站在铁塔顶上的画面，嘲讽他是金刚。直到这个夜晚，这个被意大利人用嘘声“款待”了整整20多年的黑人小伙，用“神级别”的发挥率领意大利队打出6年来最能证明足球尊严的一战。

这里所说的委托，就是“委以重任”；信用，顾名思义，不仅要“信”，而且要“用”。实践证明，如果对后进生“委托信用”，往往能收到事半功倍的教育效果。这是因为他们常常把教师交给自己的任务当作自己的莫大荣誉而格外珍惜，并想方设法完成老师的重托，这样当然有利于推动他们不断进步。

心理学在论及动机在学校教育中的运用时，提到了“自我提高的内驱力是指个体那种因自己的胜任能力或工作能力而赢得相应地位的需要”，而相应地位的获得又可以使学生拥有与其地位相符的自尊心以及为维护这种自尊心而做出的努力学习的倾向。

教师可借助学生的这一心理特征，转化后进生：任命在班级中处于某种劣势地位或有较强个人感召力但其行为常产生较大消极影响的后进生做学生干部，以调动他的学习积极性，改变其不良心态或行为。同时教师可以让那些有学习潜力但学习不努力、上课不认真听讲的后进生做学科代表或学习小组组长，借此来激发他们学习的热情。

这一教育计策主要用于转化以下几种后进生：有一定组织能力和号召力，并有较强的当学生干部的愿望但由于种种原因没有赢得较多教师和同学信任的后进生；对自己在班级的处境不满，渴望机遇降临的后进生；对自己的能力持怀疑态度不敢在大庭广众之下表现自己的后进生；有学习潜力，表现欲强，但因在课堂或班级中没有表现自我的机会而缺乏学习热情，以致学习成绩下降的后进生。

俗话说“在其位谋其政”。当后进生拥有相应的职务时，为了表明自己能胜任这一工作，他们会努力学习以弥补自己在这一班级工作中的不足。例如，一个维护纪律的班干部会努力克制自己同时监督他人以维护好班级的纪律；一个担任英语课代表的学生会在英语课堂上表现得更加积极主动，同时，在课下投入更多的精力来学好英语，以表明自己在英语方面是最优秀的。

案例

我刚接手一个五年级的班，班上有一个学生叫胡军，经常躲在学生接送车里逃课，成绩一塌糊涂。

我知道，对这样的后进生，口头教育已无效。于是，我尝试让他帮我做事，来试探他的反应。有一天，我上课之前假装在走廊里巧遇他，便让他发课堂作业本，结果发现他很乐意。

我发现此计可行，于是开始进一步实施我的计划：上课时忽而忘记带备课本让他去拿，忽而忘记带小黑板让他去拿，忽而忘记带教具让他去拿……在众人的目光下为我做这些，他感到很骄傲。从此，他没有逃过一次课，相反，天天盼着上数学课。

我将作业批改场地从教室搬到了办公室，好让他传递需要订正的本子。他一直等候在办公室，时刻准备着做“快递员”。我还给他布置了督促和催缴作业的任务，他也很高兴地答应了。在完成任务的过程中，我发现他的作业不再拖欠了，并且做作业的速度越来越快，质量也越来越高，这是因为他需要留出时间帮我做事，再则他要管别人首先自己得做到。

我还让他帮我传话，我想叫哪个学生来办公室，只需要告诉他；我想找哪位老师，只需要告诉他；我想布置哪些家庭作业，也只需要告诉他……他成了我形影不离的小助手，成绩越来越好。

他进入中学后，有一天跑到学校骄傲地告诉我，他担任了数学课代表。望着他那幸福的神情，我对他竖起了大拇指。

我们都知道“精诚所至，金石为开”和“士为知己者死”，有经验的教师常常会对后进生特别是有特长、有能力的后进生委以重任，以激活其潜在的进取心，达到“假人之长，以补其短”的目的。并且，一个后进生的转变会带动其他后进生的转变。

在交往中，有一个“钻石法则”——不是用你喜欢的方式去对待别人，而是用别人喜欢的方式来对待别人。比如，一位后进生喜欢打篮球，班主任便任命他为体育委员，他自己还想当劳动委员，于是班主任又把这一“重任”给了他。用班干部的要求去要求他，比用一个普通学生的要求去要求他更易被他接受和理解，通过这种方式，他的很多不良习惯都得到了有效的改正。

案 例

课间，我经常和一些后进生交流，让他们帮我出主意，提一些管理班级的办法，帮我选择一些课外作业。由此使他们感觉到自己在做重要的事情，从而产生了自信心，而且他们自己参谋的事情，自己当然会做好，自己选择的作业当然要积极完成。

在复习的时候，我也常请后进生帮我出一些测验试卷，这时他们会非常高兴。据家长说，从来没有看到孩子这样积极认真过。他们认真地翻阅书本，写了涂，涂了写，寻找他们认为比较难的知识点。最后，我将他们编制的试卷发给全班学生进行测验，再请他们判卷。他们从中看到了学优生的长处，看到了自己的不足，同时找到了自信。

对后进生委以重任，哪怕这位后进生在这方面并不“先进”，甚至有“污点”，但只要其有此愿望，教师就可以大胆破例一试，满足他的心愿。例如，有一位后进生有一次向老师提出管理教室的要求，老师愣了一下：

他曾经偷过东西，让他管理教室行吗？可是当老师看到他从未有过的恳切目光时，便理解了他这是在要求“将功补过”，于是把教室的钥匙交给了他，并满怀深情地说：“这个工作很重要，我相信你一定能做好。”老师话音刚落，两颗晶莹的泪珠便从学生眼中滚落。从此，他像变了一个人，热爱集体，关心同学，在各方面都取得了明显的进步。

还可以针对后进生自身存在的问题来设计需要其帮教师做的事情，“缺什么补什么”，也就是他什么不行偏让他去“行”，最终使他也能行。例如，有一位后进生不喜欢背诵，教师偏偏让他担任班级背诵情况记录员，当他天天面对张贴在教室墙上的背诵情况记录表，并天天给同学画红五星时，别有一番滋味在心头，于是就去主动背诵，好为自己画上红五星。

又如，有一位后进生最怕背英语单词、课文，也不乐意抄写，于是英语老师就让他帮老师批改试卷，从开始的看着标准答案批到最后的依靠记忆批，整个班级的试卷批改完，他便记住了整张试卷中的单词、语句和一些知识点。为了能在下次帮老师批改试卷时不再脸红，不被同学们认为自己没有资格帮老师批改试卷，同时为了不辜负老师的重托，他发奋图强，认真背英语单词、课文，提高了英语成绩。

其实，只要是帮老师做事，学生都是很乐意的，特别是后进生更是会为此感到光荣，因为他们认为老师让他们帮着做事情，是对他们的信任。

除了让学生担任小干部和小助手外，还可以让他们帮老师做一些私事，此时，他们会更加高兴，会认为老师对他们十分信任。

案 例

黄同学成绩平平，性格内向，不知什么原因，近来她在课堂上特别爱说话，作业也出现缺交现象，而且家住不远的她，竟然总是迟到。

有一天，我发现她吃的早餐是一家有名的包子铺的包子。我想机会来了，便对她说：“老师也很喜欢吃这家包子铺的包子，可惜我家离这家包子铺太远了。”不出所料，她告诉我她家离那很近，愿意帮我每天去这家包子铺买早餐。

从那以后，我就把买早餐的工作交给了她，每月给她固定的钱，让她合理安排老师的早餐。我经常夸奖她能干，希望她读书也这么厉害。后来我还把制订和设计班服的工作交给她，她都做得井井有条。她终于融入了班集体，性格渐渐开朗起来，自信心也越来越强。在学优生的帮助下，她的成绩也得到了很大的提高。

马卡连柯说过，得不到别人的尊重的人，往往具有强烈的自尊心。信任他，重用他，赋予他更多的责任，往往正是调动他积极性的最好手段。教师委以后进生重任，就是对他们的尊重与信任，不仅能促使他们成长，还能产生“期望效应”。

第14计 任务驱动

用『yi』趣活动任务，驱动后进生学习

建构主义学习理论强调：学生的学习活动必须与具体任务或问题相结合，以使学生拥有学习的主动权。任务驱动教学法是建立在建构主义学习理论基础上的教学法，它将以往以传授知识为主的传统教学理念，转变为以解决问题、完成任务为主的多维互动式的教学理念；将再现式教学转变为探究式学习，使学生处于积极的学习状态，每一个学生都能根据自己对问题的理解，运用共有的知识和自己特有的经验提出解决方案，解决问题。

我们常说，授人以鱼不如授人以渔。我想说，不管是授人以鱼还是授人以渔，首先要授人以“欲”。对后进生更应如此，许多后进生之所以学习后进，往往是因为缺乏学习劲头，也就是缺乏学习的欲望。

如果是单纯的知识任务，想让后进生感兴趣，难！如果是活动任务，在玩中学，在做中学，在用中学，想让后进生感兴趣，易！

第一种做法：设计具有生活“逸”趣的活动任务，让后进生发现原来知识学习是可以有趣的，从而产生学习的欲望。

案例

一位教师教学“质数和合数”之前，设计了这样的阅读任务——

早在300多年前，来自欧洲的殖民者在美洲大陆田纳西地区经历了一场恐怖事件，大量的蝉（达到每公顷数百万只）仿佛一夜之间从地底冒出，几个星期之后，又销声匿

迹。时隔17年，这一现象再次出现；又隔17年，这一现象再度出现，周期非常准确。

科学家发现，蝉的生命周期大都为质数，比如，在北美洲北部地区其周期为17年，而在北美洲南部地区其周期为13年，为什么是17和13，而不是其他数字？科学家解释说，蝉在进化的过程中选择质数为生命周期，可以大大降低遭遇天敌的概率。比如，它的生命周期是12年，它便会遭遇那些生命周期为1年、2年、3年、4年、6年及12年的天敌，而使得种群生存受到威胁。

读完这份材料，连后进生都惊叹“昆虫居然都懂数学”，而后感叹“我是人，不懂数学太不应该了”。另外，后进生也有探索大自然奥秘的强烈好奇心，此时要读懂大自然，必须先读懂数学——“什么是质数”“什么是周期”“什么是概率”等“是什么”的知识，以及“为什么是17和13，而不是其他数字”“为什么选择质数为生命周期，可以大大降低遭遇天敌的概率”等“为什么”的知识。对阅读材料中的知识的“一知半解”可能会让学生产生一探究竟的学习欲望，直至学完“最小公倍数”才能彻底弄明白其中的道理。也就是说，这一阅读任务或将驱动后进生主动学习和不断学习。

第二种做法：设计具有生活“意”趣的活动任务，让后进生发现原来知识学习是可以有劲的，从而产生学习的欲望。

案 例

教学“圆的周长”之前，一位教师设计了这样的探究任务——

假设在赤道上缠一根橡皮筋，同时在一个西瓜的最大周长处也缠一根橡皮筋。如果将地球和西瓜的半径都加长1米，那么哪根橡皮筋被拉长的幅度大？

别说后进生，就连学优生都会认为缠在地球赤道上的那根橡皮筋被拉长的幅度大，并且推断数据会大得难以想象。然而，当教师告诉他们其实一样大的时候，他们都不相信自己的耳朵：“这怎么可能呢?!”当他们获知确实是这样之后，纷纷要求知道“这是为什么”，即他们已经产生了一探究竟的强烈愿望，此时教师便趁热打铁教学“圆的周长”的知识。当他们如饥似渴地学了圆的周长计算公式，算出拉长幅度确实一样后，许多后进生还是不相信，课后主动用一个乒乓球和一个足球做起了实验，最后才真的相信了，并相信了数学的力量——它可以帮助我们快速地解决一些靠人力无法解决的测量任务。

这种让后进生感觉“不可能”的、可展开探究的、有生活意趣的例子还有很多，例如这一题：“有一位疯狂的艺术家为了寻找灵感，把一张厚为 0.1 毫米且面积很大的纸对半撕开，并把撕开的纸重叠起来，然后再撕成两半再重叠。假设他重复这一过程，撕、叠了 25 次，这叠纸将会有多厚?”当学生获知最后这叠纸与山一样高时，同样会感觉不可思议。这一问题会驱使他们去“思”和“议”。

当然，这个探究材料还可以反过来使用：“如果一张纸面积是 4251 平方厘米，对折 30 次后，面积变成 0.00000395905 平方厘米，比针尖还要小。”它同样能让后进生产生学习的兴趣。

第三种做法：设计具有生活“异”趣的活动任务，让后进生发现原来知识学习是可以有情的，从而产生学习的欲望。

案 例

一位教师教学“长方体的体积”之前，设计了这样的问题——

在电视中，经常看到这样的镜头，有人拿出一个手提保险箱，然后打开说“1000 万，点点吧”。你觉得这样的剧情科学吗?

“哦? 这有问题吗?”学优生感到疑惑，后进生更想弄清楚这个问题。于是，电视剧情变成了数学题：从体积上判断，如果都是百元纸钞，每张百元人民币长约 15.5 厘米、宽约 7.7 厘米，100 张百元人民币（1 万元）厚约 1 厘米，而一般手提保险箱长约 50 厘米、宽约 30 厘米、高约 15 厘米，由此算出一个手提保险箱约能放进 150 万人民币；从质量上判断，1 张百元人民币约重 1.15 克，10 万张百元人民币（1000 万元）约重 115 千克，普通人是无法轻易拎着在路上走的。看完了电视，算完了数学，许多后进生不由感叹“就连看电视、拍电视也要懂数学”。

又如，一位教师为了能让一位喜欢玩足球的后进生喜欢上数学，就推荐他看《如何罚点球——隐藏在体育中的数学》这本书。这位后进生非常喜欢这本可以让自己足球玩得更好的书，当他看到“2009年，利物浦约翰莫里斯大学的体育运动科学总监蒂姆·凯布尔教授公布了一项号称‘完美点球方程式’的方法，理论上球员只要按‘完美点球方程式’罚点球，命中率就是100%”这段内容的时候，不禁感叹“要踢好足球也得学好数学”，从此对数学不再那么讨厌了。

第四种做法：设计具有生活“益”趣的活动任务，让后进生发现原来知识学习是可以有用的，从而产生学习的欲望。

从长远看，我们的教育不只是教会学生知识，还要教会学生生活，使学生拥有生活的智慧。特别要让后进生明白，学好了知识，不仅能提高自己的文化水平，还能提高自己的生活智慧。例如，商场中经常有“买100返50”的优惠活动，许多人以为商品打了5折，真实答案却是只打了6.7折，因为“买100返50”实质是“实付100元买150元的商品”，而“满100减50”才是打5折，前者是商家玩的花招。另外，还有“第一件原价，第二件半价”与“均是6折”哪个更优惠的问题。这些都包含着数学知识。

又如“为什么货币中没有3元”这个生活问题，后进生一定会感兴趣，它可以驱使后进生探究数学，让后进生由此接触到组合原理并练习到10以内数的加减计算：将数字1～10分为“重要数”和“非重要数”，1，2，5，10就是“重要数”，因为使用这几个数，能以最少的加减运算得到另外一些数，如1+2=3，2+2=4，1+5=6，2+5=7，10−2=8，10−1=9。其余的数，如3，就属于“非重要数”。如果在这四个“重要数”中增加一个“非重要数”3，用这几个数进行加减运算，就会出现繁复现象，因此，为了在商品交易中计算方便，货币中就没有“3元”等以“非重要数”设置的币值。

再如，教学“圆的认识”之前，教师可以让后进生思考一些生活中的问题：“车轮为什么是圆形的?”“容器底面为什么是圆形的?”“窨井盖为什么是圆形的?”……

上述这些生活问题都可以归结为一个数学问题：“学有关圆的知识是为了什么?”也就是让后进生在学习之前就知道该部分知识有什么用，通过学“有用”的知识来激发其学习的欲望。

承诺，许给后进生一个美好的未来

奈杰尔·霍兰德患有腓骨肌萎缩症，他的两个儿子身体都很健康，唯独小女儿遗传了他的病症。这意味着他小时候经历的一切挫折，都是女儿未来要面对的。于是他为自己的人生制订了看似疯狂的50个约定，而且要在一年之内全部完成。也许约定本身并不重要，重要的是他要让女儿在今后自己面对挑战的时候，可以从他这些经历中寻找力量，希望女儿有一天说："如果我爸爸可以做到，那么我也可以。"

约定，除了定时间，还能定关系，定人心。例如，能与老师说悄悄话是大多数学生所渴望的，于是有一位教师和学生们约定，每个人每天可以和老师说一句悄悄话，每当有学生注意力不集中时，老师就拿"悄悄话约定"提醒他们："我发现有个小朋友不认真听课了，那你的悄悄话我也不想听了。"学生为了约定不被废除，大多会主动回"心"转"意"。

案例

语文课上，我发现调皮大王吴同学，半歪半趴，在玩一个硬币筒。可能是玩得太投入了，连我站到他面前，他都没发现。我很生气，抓过他手中的"宝贝"："下课跟我到办公室!"

下课了，他低着头站在我面前。

"你还想要吗?"我指着硬币筒问他。

听我说这话，他抬头望着我，眼里流露出几分希望，又偷偷瞄了一眼桌子上的小玩意儿，小声说："想……想要。"

“和老师来个约定，好吗?”

他突然来了精神，使劲地点着头。

“第一，第四节是写字课，你要把字写漂亮，不写错字；第二，把学过的要求背诵的内容背会（我听小组长说他还有好多内容没背会），老师就把东西还给你！好吗?”

他不假思索地说：“好!”

我害怕他反悔，又和他拉了勾，才放心地让他回教室。

下午，我翻开他的本子，工工整整，没有一个错别字。小组长也告诉我要求背诵的内容吴同学都背完了。下午放学，我将硬币筒物归原主。

玩具，大多是孩子的钟爱之物，因贪玩而被教师没收后，他们大多会心疼不已，此时就是教师与学生谈条件的良机，因为学生想要回玩具心切，一般都会答应教师的要求——想要玩具，好好表现。

“拉钩上吊，一百年不许变，谁变谁是小狗……”这种孩子之间的约定，同样可以用在教师和学生之间。我们可不能小看这种充满孩子气的约定，有时候它比学校制订的规章制度更管用。

案 例

班上有个叫叶佳铭的孩子，上课总是萎靡不振，各科学习都比较差，尤其是作文，经常拖欠，即便交了，也是语句不通顺。下课却生龙活虎，经常惹是生非。老师和颜悦色地讲道理也好，疾言厉色地批评也罢，他总是感觉无所谓。为此，我伤透了脑筋，觉得自己对他的教育似乎永远也找不到合适的方法了。

新学期刚开学，班里开展“书香满路，点滴进步”的活动，每月由学生推荐一本书，大家读后交流感受，并按表现进行个人学习计分，月末评出进步最大的学生，奖励一本书。九月份，我奖励一位学生一本《和树谈心》，并在扉页上写上了寄语。得奖的学生激动而喜悦，同学们非常羡慕。出乎我意料的是，叶佳铭竟举手大声说：“黄老师，我也想要你的书!”望着第一次出现在他脸上的渴望，我大声地说：“好啊，我们约定，老师等着你的进步！下个月的书已经准备好了呢!”“好的，你说话要算数!”他兴奋极了。

本以为，叶佳铭这次还会像以前一样光说不练。谁知第二天，他就在语文课上第一次举起了手。我立刻让他回答，还表扬了他。下课后，还让他到计分表上给自己加上 2 分。他像得了宝贝似的手舞足蹈起来。之后，每节语文课，我都特别关注他，给他鼓励，给他指点。

一个月到了，他进步很大，按照约定，我郑重其事地把一本厚厚的作文书奖给了他："喜欢这本书吗？""喜欢！"他洋溢着幸福。现在，叶佳铭听课认真了，调皮捣乱的举动也少了。

上述案例中，第一个问题，是什么让一个原本不喜欢作文的后进生有了学习的后劲？答案是教师和他之间的那个美丽约定；第二个问题，为何一个原本不喜欢看书的孩子突然对书产生了兴趣？答案是这书是教师给学生的奖品，并且是人人都想要的奖品，它代表的是一种荣耀。

由此可见，除了学生喜欢的玩具，原本不被学生喜欢的东西只要染上了感情的色彩，同样能够赢得学生的喜欢。教育是有惊喜的，当学生冷不丁地给你惊喜的时候，你就应该及时抓住这个惊喜，还给学生一个惊喜，此时教育就可能出现"山重水复疑无路，柳暗花明又一村"的转机。

学生因书因某种约定而爱上学习的故事，童话大王郑渊洁也遇到过。有一次，他到郑州签名售书，一位小学二年级的女孩对他说："我长大后能不能去你身边工作？"郑渊洁随口回答："可以啊！"随后，郑渊洁聊起自己不懂外语，因此在跟外国出版商打交道时上当受骗的故事，并对小女孩说："我身边还缺一个会说英语的人，其他人都有了。"不料，小女孩很认真地说："那你给我写在书上吧！"郑渊洁在她的书上写下了"长大以后，学好英语到我这里来"。之后，郑渊洁渐渐淡忘了这件事。没想到的是，小女孩却当真了，学习成绩从排名靠后慢慢变成了第一，后来考上了广东外语外贸大学。毕业之后，她真的拿着当年郑渊洁给她签名的书，去找郑渊洁，成了郑渊洁的私人助理。

"鱼儿对大海说，你怎么看不见我在流泪，而大海对鱼儿说，我感觉得到，因为你在我心里。"后进生就像大海中那条"流泪的鱼"，而教师呢，需要有大海般的胸怀，首先做到时时刻刻关心他，关注他的需要，许给他一个美好的未来，然后做到时时处处保护他，把他“放在心里”，不轻易让别人看到他的软弱与痛苦，温暖他，开导他，帮助他走出困境，唯有这样，后进生才会还你一个惊喜。

案 例

“我不喜欢英语，也不喜欢边老师。”学校安排我中途接手四年级（1）班的英语教学时，第一节课就遇到了这样尴尬的一幕。说这话的是后进生小羽。

“小羽，你不喜欢英语，也不喜欢边老师吗？哪怕一丁点儿喜欢也行啊。”我笑着问道。

过了一会儿，小羽才伸出手，拇指与食指很不情愿地稍微开了那么一个小小的缝隙，意思是“就这么一丁点儿”。看到这个评价，我有点儿沮丧。

我沉思了一会儿说：“我们做个约定，每次上课你给我一个不喜欢上英语课或不喜欢边老师的理由。一个月后，你还不喜欢上英语课，不喜欢边老师，那我上课的时候，你就随便玩，可以吗？”“真的吗？”小羽半信半疑。“当然是真的！”我认真地说。

自从有了这个约定，小羽果然每节课都能找到一个不喜欢上英语课的理由。如学英语不好玩，上课只读单词太单调；上英语课没意思，不如体育课做游戏好玩，等等。

看到小羽给出的理由，我开始站在学生的角度，自我反思。学生喜欢新奇，我就营造夸张的表演氛围；学生喜欢辩论，我就给他们机会让他们用英语PK……课堂悄悄发生了变化，学生上课时的兴奋劲儿告诉我，他们喜欢这样的课堂。

一个月后，当我再次询问小羽时，他毫不犹豫地说：“我喜欢上英语课，也喜欢边老师。”

上述案例中，小羽对边老师态度的变化源自边老师的改变，让教学有了后劲，最终让小羽也有了学习的后劲，而这种改变源自教师和学生之间的一个约定。

这个案例也告诉我们，教师和学生所约定并承诺实现的内容不仅可以是学生所喜欢的实实在在的东西，还可以是学生所喜欢的教师形象。教师可以通过改变自己的形象，如通过改变自己的教学态度和改进自己的教学方法，来改变学生对自己的看法，让自己成为学生喜欢的老师。

教师和后进生之间的约定不仅可以是公开的约定，还可以是私下的约定，只要这种约定能让后进生学习有后劲，我们都不妨一试。例如，有一位教师发现提问时，一位学生总是举手，可叫他起来的时候他却答不上来，引得其他同学窃笑不已。课后，教师问他为什么要这样，他说如果老师提问时他不举手，同学们会在课下叫他傻瓜。于是，教师就和他私下约定：会的时候举左手，不会的时候举右手，并帮他补课。而其他同学不知底细，看到他积极发言，且发言质量很高，都对他刮目相看。渐渐地，这位后进生举左手的次数越来越多，这个原本极有可能在他人的嘲笑中沉沦的孩子，慢慢变得越来越好。

第16计 寓教于乐

授人以『娱』，让后进生快乐地学习

“寓教于乐”是古罗马诗人贺拉斯提出的文学创作主张。寓教于乐，顾名思义就是要求文艺作品既要有思想教育功能的“教”，又要有审美娱乐作用的“乐”，并且“教”和“乐”在文艺作品中要做到有机的统一，文艺作品要把思想教育功能寄寓在审美娱乐之中，这样“才能符合众望”，才能发挥文艺作品的社会教育作用。

“学而时习之，不亦说乎?”孔子指出学习是一件愉快的事情，学习过程本身应该充满乐趣，应该能使人从中获得求知的喜悦。他还说：“知之者不如好之者，好之者不如乐之者。”意思是对于任何学问和事业，只有以它为乐，才能爱好它；只有爱好它，才能懂得它。可见，“乐”是“知”的关键。

一般学生的学习，也常常是“乐之”才会“好之”，“好之”才想“知之”，更何况后进生。“乐学”可以使后进生精神放松，使其注意、记忆、想象、思维、情感等心理活动处于积极状态，让右脑半球积极参与工作，同时使左右两个脑半球协调活动，发挥其整体功能，带来学习的后劲。

马克思说：“任何一种解放都是把人的世界和人的关系还给人自己。”要让后进生从无趣学习和无奈学习中解放出来，我们就必须把他们趋乐的天性还给他们，让他们能够快乐地学习。

要让后进生快乐地学，教师首先要快乐地教。江绍伦教授在阐述教学活动本质特征时曾说，教学是一个涉及教师和学生在理性与情绪两方面的动态的人际过程。教学过程中，除了知识的传递，还有情感与情感的感染和思想与思想的交流。如果说知识是理性的，那么它在教学中首先是感性的，得让学生有所感觉、有所感悟甚至有所感动，这些对后进生的学习尤为重要。

从词义来看，“寓”的主要意思是居住、住的地方、寄托，“乐”主要有音乐、快乐、乐于、笑等意思，“寓教于乐”即将教育的发生寄寓在快乐和兴趣之中，这种含义对于后进生学习后劲的激发和保持有着积极的影响。

保加利亚心理学家乔治·洛扎诺夫创造了“启发式外语教学法”。这种方法是一种充满乐趣的、舒适的教学方法，它将学习和音乐（唱歌）、游戏、演戏结合起来，使学生感到学习的每一分钟都是一种享受。实验证明，这种寓教于乐的方法可将学习效率提高五倍。

我在学生时代背了很多古诗词，现在已经大多忘记，唯独《虞美人》这首词还能被记起，其原因就在于它被谱成了歌曲，并成为我学生时代的流行歌曲。在语文教学中，教师可以让后进生在听歌中学古诗词：用《在水一方》《春花秋月何时了》《怒发冲冠》等流行歌曲来引出对古典诗词《蒹葭》《虞美人》《满江红》的解读。

我们还可以拿周杰伦唱的《青花瓷》的歌词来讲解修辞手法，后进生一定会很感兴趣——

素胚勾勒出青花　笔锋浓转淡/瓶身描绘的牡丹　一如你初妆（比喻）/冉冉檀香透过窗　心事我了然（转化）/……炊烟袅袅升起　隔江千万里（夸饰）/在瓶底书汉隶仿前朝的飘逸（转化）/就当我　为遇见你伏笔（转品）/天青色等烟雨　而我在等你（类迭）/月色被打捞起　晕开了结局（转化）/如传世的青花瓷自顾自美丽/你眼带笑意（与前句形成倒装）……

案例

我在教学“年、月、日”时，为学生播放了流行歌曲《365个祝福》：“一年有三百六十五个日出，我送你三百六十五个祝福，时钟每天转了一千四百四十圈，我的心每天都藏着一千四百四十多个思念……”歌词中不仅有学生学过的“时、分、秒”的知识，还有即将学习的“年、月、日”

的知识。我借助这首歌轻松而快乐地导入新课。

寓教于“音乐”之所以被学生特别是后进生喜欢，是因为它能给他们带来学习的喜悦。其实，音乐也是很多学生包括后进生的兴趣爱好，此时寓教于乐也就成了寓教于“快乐”。

钱理群教授说：“做任何事，刻苦的结语常常是两个字：及格；兴趣的结语常常也是两个字：出色。”寓教于乐是让学生在体验快乐、满足兴趣的基础上获得发展的。对此，杜威说：“兴趣这个词，从英文词源上说，含有居间的事物的意思——即把两个本来远离的东西连接起来的东西。在教育上，这个距离可以视为时间上的，一个过程的成熟需要时间。”

对于游戏，所有孩子都充满兴趣。美国专栏作家丹·萨维奇认为在婚姻中良性的爱人关系应该是3G：Good，Giving，Game——美好、给予、游戏。在教育中，教师和学生特别是后进生之间的关系也应该是一种“良性的爱人关系”，同样应该是3G：Good，Giving，Game。

案例

我们班的男孩子特别喜欢下棋，于是我想出了一些新的玩法：先把课文中的重点字的读音一一写在自己制作的棋子上，再根据我制订的新规则玩。

拿“五子棋”的玩法举例。原本是一方的五颗棋子排成一条直线就能吃掉对方的一颗棋子，但是，我改规则后，要想吃对方的棋子就没有那么简单了，学生需要把这五个排成一条直线的棋子上面的字的读音和意思都说对，才能够吃对方的棋子。

慢慢地，一些基础比较差的学生也变得积极起来，他们会为一个字的读音是否读正确，一个词的意思是否说得明白而争得面红耳赤，惹得我这个语文老师忍不住在旁边窃笑。

一位小学教师还发明了“中国语文扑克”，取一个生字设计一张扑克，共2000多张，分为12个部分。玩牌者分别利用组词、造句、写话、写段、吟诗、拼短文等语文训练手段进行组合、出牌、应答，直到把手中的所有扑克打完，先打完者为胜。学生玩一次就等于做了一次多功能的语文综合练习，完全把做作业和识字学文等寓于游戏中，即便是后进生也会玩得不亦乐乎。

那么，数学能玩吗？能！数学大师陈省身甚至还说“数学好玩”。数学教学同样可以采用游戏教学法。

案例

教学“无理数”时，教师做了个大骰子，问学生它有什么用。当学生纷纷回答可以用它来打麻将时，教师出人意料地告诉学生骰子可以用来产生无理数。然后特别请了两位后进生上台来，一位在讲台上掷骰子，另一位在“0.”后面写上骰子掷出的点数，每掷一次便把点数依次写在后面。随着一次次地掷骰子，黑板上出现了不断延伸的小数 0.3154265123……这时，教师喊“暂停”，并引出无理数的概念。

这样的教学设计，使“无理数”这一较难懂的概念变得较为亲切易懂，从而激发了学生特别是后进生的学习兴趣。

从根本上说，寓教于乐是让学生特别是后进生在学习的过程和结果中有愉悦的体验和经验。这种快乐才是持久的，是与教育实践本身相一致的。为什么我们称“乐”为“快乐”，而不是“慢乐”？乐作为一种情感体验，多是伴随快感的。教师让后进生感知到学习本身是愉悦的，同时予以后进生适当的压力，后进生因压力会更快更好地达到既定学习目标，在得到发展的同时也体验到快乐，教育者本身在此种情况下也是快乐的、幸福的，而整个教育过程关注当下、朝向未来，也伴随着持久的快乐。

美国学校本着“好好玩耍，好好读书”的理念，倡导让孩子自主拟定游戏与读书计划。孩子拟定的计划几乎都是先玩再做作业，教师和家长试着尊重孩子的计划，结果许多孩子作业粗心的现象竟大有改观。由此，我们的家长不妨多与孩子商量：“你今天打算先玩后做作业，还是先做作业后玩？”孩子自己做决定后，一般会好好做作业，并且做作业的时候心也会踏实许多。

第17计 故意忽视

用不理不睬唤起后进生的『理睬』

故意忽视法是一种有效的教育孩子的方法。当孩子的不良表现刚萌发苗头时，父母或教师大多会迫不及待地采用训诫方式加以制止，在一番急风暴雨式的教育后，虽然浇灭了孩子的嚣张气焰，但孩子可能觉得自己已经受罚，便心安理得，不再深刻地反省自己的错误。如果父母、教师保持沉默，孩子在被冷落中就会慢慢自己“退烧”，慢慢进行自我反省，思考自己的“过分”可能带来的不良后果，从而实现自我教育。

法国教育家卢梭在《爱弥儿》一书中，曾对已为父母的人说：“你知道不知道用什么办法准能使你的孩子得到痛苦？这个方法就是百依百顺。因为有种种满足他欲望的便利条件，所以他的欲望将无止境地增加。结果，使你迟早有一天不能不因为无能为力而表示拒绝。但是，由于他平素没有受到过你的拒绝，突然碰了这个钉子，将比得不到他所希望的东西更使他痛苦。”所以，作为教师，我们也不能对学生百依百顺。不对学生百依百顺，有一种做法就是“故意忽视”。

美国临床心理学家林恩·克拉克在其《SOS！救助父母——处理儿童日常行为问题实用指南》一书中提出了“故意忽视”的方法。“故意忽视”是心理学中行为矫正的方法之一，是指对个体的某种行为采取有计划的或故意的忽略，从而使这种行为因得不到强化而逐渐消退。在教育学中，也有一种说法叫“漠视不良行为”，如在孩子乱发脾气时，采取不予理睬的方法。没人理睬，孩子往往会感觉无趣或认识到手段无效，便会作罢，而且下次就不再轻易无理取闹了。

也就是说，孩子的无理取闹，向父母有意挑衅，很多情况下是为了与父母进行权力的较量，或是对自己的行为局限标准的试探，看看自己能得到多大的自主权。如果我们卷入这场冲突中，对孩子的错误动机则是一种鼓励。曾经看到这样一则寓言故事——

一个渔夫看到一条蛇口中衔着一只青蛙，动了恻隐之心，把青蛙从蛇的口中救了出来，但又为蛇将要挨饿而感到难过，便拿出一瓶酒往蛇口中滴了几滴。蛇高兴地游走了，渔夫为自己的善举而感到快乐。可是，仅仅过了几分钟，那条蛇又回来了，而且嘴里咬着两只青蛙——它在等待渔夫给予酒的奖赏！

渔夫的本意是希望蛇不要再去捕捉青蛙，并出于怜悯而给了它几滴酒，但这样的弥补被蛇当作把青蛙放下的奖励，捕捉了更多青蛙——渔夫的行为就事与愿违了。这则寓言告诉我们，你奖励了什么行为，就会出现更多这样的行为。所以，别去奖励那些错误的行为。

我们心里都明白要及时鼓励学生正确的行为，但又会对错误的行为进行奖励——这看上去很可笑，却是成人最常犯的一种错误。我们都有可能成为那个愚蠢的“渔夫”。例如，在幼儿园，往往是爱哭闹的孩子会得到老师更多的关爱。

而“故意忽视”，就是将注意力从学生的不良行为上移开，它是避免奖励错误的一个有效做法。其实施要点：（1）转移对学生的所有注意力；（2）拒绝争辩、责备或交谈；（3）将头转开并避免与犯错学生目光接触；（4）不要表现出生气的样子；（5）假装专注于其他事情；（6）保证使学生的不良行为得不到任何形式的奖励；（7）当学生的不良行为终止时，再给予极大的关注。

“故意忽视”计策在学校教育中同样适用于对后进生的转化，其具体作用表现在两个方面。一是“故意忽视”计策可以引导后进生“回心”。

案 例

在课堂上，当组长汇报作业完成情况时，那个女孩的名字又被提起——一个把拖交作业当作家常便饭的女孩。我脱口而出："随便她吧，我早已不管她了。"

隔天，在学生上交的作业本里，我意外地看到了她的作业本，作业本里夹着一张纸条："老师，昨天你竟然说不管我了，为这句话，我伤心了好久。老师，你真的不管我了吗?"读罢纸条，我仿佛体会到了那个女孩的恐慌不已、伤心欲绝。

"我不管你了"这句话，我在小学任教的时候竟然也对学生说过，只不过案例中的教师是无奈一说，而我是有意一试。

那一次，我负责一个毕业班的数学教学工作，遇到了一个父母离异后跟随父亲生活的大个子男生。这位学生成绩很差，更让我头疼的是他经常不做作业，不做的理由很多，但都是谎话。无论我怎么给他讲道理，都无法改变他不做作业的恶习。最终，我铤而走险，装作很生气地对他说："既然你不要我管，那我以后就不管你了。"刚开始的几天，我发现他很得意，心安理得地不交作业。大约过了一周，我在学生以小组为单位上交的作业本中发现了他的作业本，并且是夹在其他小组的作业中的，这说明作业本是他偷偷放进来的。我有些欣慰，但并没有打开他的作业本批阅，而是原封不动地把它放在了批改好的作业本中。作业本发下去后，我偷偷看他，发现他打开作业本后的表情很失落，等他用一种后悔的眼光偷看我时，我急忙转移视线装作没注意他。有一天上体育课前，等其他学生走出教室后，他在我身后轻轻地拉我的衣角，我回头一看，只见他左手拿着自己的作业本，右手拿着一支红笔，手微微发抖地把作业本和笔塞到我的手中，然后垂头丧气地等着我的教训。看到这一情景，我很高兴，但依然不说一句话，而是用他的红笔为他快速地批改了作业，然后顺手摸了一下他的头。他先是惊讶，接着是惊喜，也没有说一句话，便赶去上体育课了。从此以后，他都能及时上交作业，成绩也在我的辅导下慢慢进步了。

这位学生的转变源于我采用的"故意忽视"教育计策。如果我仍然像往常一样盯着他追着他要作业，反而会让他故意在同学面前表现得很"英雄"，让他在同学的惊叹和教师的无奈中得到心理上的满足。现在，我的不理不睬让他没了用“武”之地，逐渐被排挤出公众视野，这对做惯了“公众人物”的他而言，无疑是最难以忍受的。于是，“故意忽视”这种教育计策在他身上就发挥了作用，让他为了能再次“出头露面”而不得不改变自己的行为来获得教师的好感，最终能够重新获得教师和同学的关注。当然，他的转变还有着逆反心理的作用力。

我们成人眼中的错误行为，在孩子眼中也许是绝对的英雄行为。因此，我们要先找出孩子不良行为产生的原因，再采取迂回战术来解决问题。只有进入孩子的内心世界，才能让彼此相处得更融洽。父母必须超脱自己的角色，以第三者的角度观察孩子的叛逆问题，并换位思考，做有限度的迁就。而“故意忽视”就是一种有限度的迁就。这样的教育计策，教师也要学、要用。

二是“故意忽视”计策可以引导后进生“转意”。我在小学担任班主任工作期间，恰逢自己参加汉语言专业的大专自学考试，需要阅读大量文学作品，于是趁机鼓励班级学生也开展课外阅读活动。在我的鼓励下，许多学生加入了读书小组，有几个后进生不太愿意加入其中。对此，我并没有采用讲道理或强制的做法让这些后进生放弃一些玩的时间来阅读课外书，而是采用了“故意忽视”的办法，慢慢引导这些后进生加入读书的行列。

具体做法是，每周利用班队活动课的时间开展一次读书交流会，让读书的学生先讲讲自己读到的精彩故事，然后再谈谈自己阅读后的心得体会。而那些没读书的后进生没有办法上台发言，只能做一个旁观者。同时，我对他们装作视而不见，而对那些参与交流的学生大加表扬、大送奖品。这让那些后进生心里很不是滋味。几次读书交流会后，我发现他们也开始加入读书的行列了，最终我欣喜地看到，他们都加入了读书小组。

一方被重视，另一方被忽视，巨大的落差无疑会让学生感到教师态度的不公平，这种“不公平”的待遇可能会激起被忽视学生的愤怒。然而，当他们痛定思痛后会发现，造成这种“不公平”局面的原因在于自己没有积极响应老师的号召。此时，他们就会自觉意识到要想得到老师的重视，就必须要保证自己有分量，要让自己成为各种活动的积极分子。

由此可见，针对一些后进生的不良行为，教师若过分重视，反而可能强化他们的错误行为，让他们的学习越来越后进；教师若故意忽视，反而会消解他们的固执心态，让他们的学习越来越有后劲。

第18计 选好座位

座位，给后进生一个『温暖的家』

一家企业招聘，宣讲结束，主管先收取坐在第一、二排的应聘者的简历，然后是坐中间的，最后是坐最后的和靠墙角的。在资料审查时，也重点关注坐前两排的应聘者的简历，只要符合基本条件，就留下来；然后看坐中间的应聘者的，条件较好的留下来；最后才看坐在后排和靠边的应聘者的，条件特别突出的才留下来。主管认为能主动选择在前排就座的人，首先就能给人一种积极、主动、上进的感觉。有人称之为“前排效应”。

每个学生在教室里都有一个不到一平方米的座位空间，虽然座位经常变动，但也可以把它看成学生在学校的“家”。“家”是属于自己的，为了维护自己的“主权”，有些学生会在课桌上画上“三八线”，阻止同桌“侵犯”，这种“战争”尤其发生在男女生同桌或学优生与后进生同桌的情形下。

许多教师一般只认为学生的座位只是学生坐着听课的地方，所以常常根据学生的个头和视力状况来安排。其实，座位安排不是一件小事，它对学生的教育影响并不小，是教育中的大学问，因为它关联着学生的身份。

这里所说的身份是指在集体交往中对某一人逐渐形成的认识。学生的座位不仅是学生坐的地方，还影响着学生的心态，影响着学生的行为。一般情况下，“身份”为外向、好动、不稳定的学生，其座位应距离老师近一点儿，使他们在老师的“监视”与帮助下得以提高；反之，“身份”为胆怯内向的学生，其座位应适当距离老师远一点儿，以免造成其不必要的心理压迫感，影响听课效率。

另外，20 世纪 30 年代，美国教育家魏拉德・沃勒在对学生座位问题进行观察研究时发现，一般愿意坐在前排的学生，或是在学习上过分依赖老师的学生，或是学习热情特别高、求知欲强的学生；而愿意坐在后排的学生，往往是些捣乱的或不爱听讲的学生。

亚当斯和比德尔曾对传统的“秧田式”座位安排进行研究，发现在教室前排和中间的区域课堂气氛比较活跃，坐在这一区域的学生参与课堂活动以及与教师交流的时间和次数明显比坐在教室后排的学生多，他们将这个区域称为“活动区”，“活动区”之外的区域则是教师视觉上的“盲区”。

“活动区”内的座位，是许多家长和学生眼里的“黄金座位”，看黑板不吃力，而且教师会给予更多关注。确实，在教学中，许多教师常常是“近视眼”，看到的或重视的往往是前排的学生，回答问题时，更多的是想到他们，板演题目时更多的还是想到他们，获得教师指导更多的也是他们，收到教师奖品更多的还是他们……因为他们离教师距离比较近，教师便于以他们为中心开展教学活动，而后排的学生常常被教师冷落，造成了“近水楼台先得月”的教学局面。

教育心理学家做过这样的实验：教室里有四组学生，教师始终站在三、四组之间过道的三分之一处上课。结果显示：教师身边的三、四组学生的听课状态明显好于一、二组；教师提问的学生几乎都是三、四组的，三、四组学生回答的积极性和效果也明显好于一、二组。相比之下，一、二组的学生仿佛成了这节课的观众，置身事外。20 世纪二三十年代，美国的科学家在一家工厂内进行了工作条件、社会因素和生产效益关系的实验，研究发现，当一个人受到特别的关注或注视时，他的工作效率就会大大提高。

近十几年来，国外一些研究者考察了教室里座位与学生课堂学习态度之间的关系，这些研究者较为一致地认为，无论座位是学生自己选择的还是教师分配的，前排的学生总是表现出更加喜欢教师和喜欢上课的倾向，对学习具有较高的兴趣。因此，我们认为安排学生坐前排，有助于提高学生课堂学习的热情。

这样的“黄金座位”让谁坐？许多人的观点是好位置应该留给好学生。一位教师的话代表了一些教师的想法：“我把有希望升学的学生的座位都安排到前面几排，他们就像我的儿女，每天都处在各科老师目光所及、伸手可以环抱的地方。只要把这些学生抓好了，也就不用担心学校升学的压力了。”

那么，这些“黄金座位”能不能让后进生坐？后进生坐了会怎样？我想说，将“黄金座位”留给后进生，有时候也是一种转化后进生的好办法。

案例

一位学生经常逃学，他认为自己的学习成绩只会给班级拖后腿，自己到不到学校对老师和同学来说都无所谓。班主任做思想工作也没用。

一个月过去了，一次，老师又找到他，没有再讲道理，只是告诉他：“你的座位依然还在，尽管教室里很挤，但同学们都不同意撤掉你的座位，说你最终会回来的。”

第二天，他偷偷地来到教室外面，透过窗户看到他的座位被收拾得非常干净，并且搬到了教室的中间。他终于知道老师和同学并没有嫌弃他，他感动了，回到了学校，从此再没有逃学。

从案例中我们不难发现，学生的座位也代表着学生的“地位”。其实，学生对座位是很在乎的，后进生对此尤为敏感，但许多教师不在乎后进生对座位的在乎，也不知道座位的意义在后进生心中的分量。后进生往往把自己的座位与自己在大家心目中的地位、与自己的学习联系在一起，因此对他们来说，选择座位其实就是选择一种学习环境。

“黄金座位”位于教室的“风水宝地”，教师把学生的座位移动到这一区域，无疑代表着教师对学生的重视。学生的座位在这一区域，也就代表着其学习“生态环境”的改善，这是因为一般教师不允许调皮捣蛋的后进生坐在这一区域。有经验的教师都知道，只要后进生稍一捣乱，对周围学生的影响就会非常大，所以这些后进生或者被教师安排在教室的第一排，让他们坐在自己的眼皮底下，或者被发配到教室后面的角落里，或者专门设置一个“隔离地带”，让人一眼就看出他们的“另类”。种种“待遇”，后进生可谓心知肚明。上述案例中，当这位后进生看到自己的座位不仅没有被撤掉，还被搬到了教室的中间时，他就知道了老师对自己看法的改变，这也是他愿意回到学校的根本原因。所以，我们在转化后进生时，不要忘了也可以从改变后进生的座位开始。

座位的学问“存乎一心”，教师有怎样的考虑就有怎样的座位安排，也就会产生怎样的学习氛围。其实，教师应该利用学生心目中形成的“黄金座位”效应，让他们拥有被老师重视的快乐，让他们产生学习的后劲。

当然，座位只是一种形式，关键还是教师对后进生的态度。一位学生的话较好地代表了大多数后进生的想法：“其实坐哪里都没有太大的差别，最重要的是老师要关心我。这样即使坐在最后一排，我也绝无怨言。”我们每一个教师都应该知道，有时候，后进生找教师说座位调整的事时，并不一定是真正希望解决座位的问题，而是在试探教师对自己的看法，渴望得到教师的重视。

但不管如何，我们不能“突然”变动后进生的座位，特别是将他们的座位换到教室的后面甚至角落——“一次数学考试，我考得很差，被数学老师调到了最后一排。这一排只有一张桌子，就我一个人坐。在这里我感受到了教室的空旷和寒冷。以前的同桌很快就有了新的同桌，而我却没有。我恨数学老师，她的课我再也无法听下去了。”这位学生厌学的原因正如一位学生所说：“虽然我对坐在哪里并不在意，但还是不喜欢因为自己的成绩不好被老师调到后排。我不想坐在这里，我想这是老师在故意冷落我，这会使我感到孤单。”当学生的座位因成绩不好被老师从前面换到后面时，他们在心理上往往不能接受。

提高后进生能力篇

第19计 敢于发言

李开复的女儿小时候很害羞，不敢举手发言。李开复便用自己在比尔·盖茨面前发言的例子鼓励她，女儿虽然同意试一试，但还是只有在适当的时候、有最好的意见时才愿意发言。李开复让她摈弃“有最好的意见”这样一个主观评价标准，和她一起制订了一个实际的目标：每天举一次手，坚持一个月就有奖励，然后再慢慢增加举手的次数。一年后，老师发现，李开复的女儿已经在不知不觉中成了一个善于表达的孩子。

任何一件事情，从不敢做到敢做，都是一个质的飞跃。在学校教育中，后进生从不敢说到敢说，也是一个质的飞跃。在发言的过程中，后进生的知识经验会得到进一步巩固、丰富，思维会被激活，智力水平会得到提高，表达能力会得到提升。

其实，大多数学生都有发言的欲望，但由于害羞，或怕说不好被别人取笑，才会出现想说而又不敢说的矛盾心理，这种心理在后进生身上体现得更为明显。要想让后进生敢于开口发言，教师可以让后进生从开口朗读开始做起。如有一位语文教师就通过让不敢在课堂上发言的后进生当众朗读来锻炼他们的胆量。朗读比讲故事、独自说话容易，学生不需要思考说什么和怎样说，只要照着文章读就可以了。有了当众朗读的经历，接下来当众朗读自己的习作和表达自己的想法就容易多了。

教师应该多给后进生说的机会。学优生往往掌握课堂发言的主导权，后进生则因害怕说错而闭口不言。为了锻炼后进生的胆量，让他们把想法表达出来，教师应该对每位发言的学生都进行相应的肯定和适当的鼓励，并引导学生相互学习、相互促进，从而让后进生知道：哪怕说不好、说不全、说不对，只要敢说就是好样的，就能赢得老师的表扬和同学的认可。这样，后进生就没有了后顾之忧。

教师可以选一些较简单的问题，让平时胆大的后进生回答，从而产生“羊群效应”，让其他后进生能够跟上来、接下去，从说几个字到说一句话再到说一段话，从说相同的话到说相似的话再到说不同的话，从指定说到轮流说再到争取说，让后进生能够勇敢地跨出第一步，并在多次的发言中增强发言意识，提高表达能力。

教师要特别注意第一个发言的后进生，重视其所产生的“第一效应”，不能让他受到打击。第一个举手发言的后进生可能回答不完整、不完美甚至不正确，这是很正常的现象，此时教师一定要有耐心，千万不能为了追求标准答案、节省教学时间而迫不及待地请其他学生，特别是学优生补充发言，因为这样容易让刚鼓起勇气发言的这位后进生以后不肯发言了，而其他后进生看在眼里，也就不敢发言了。

案 例

小学一年级的学生小明，在读“琦琦明白了学习的意义，从此，他发奋学习”这句话时，由于不认识“奋”字而自作聪明地把这句话读成了“琦琦明白了学习的意义，从此，他努力学习”。教师听见他自作主张地把“发奋”读成“努力”，就马上批评他读错了，并让他照着拼音再读一遍，结果小明愁眉苦脸地对着拼音看了好久，最终把“发奋”读成了“发疯”。

教师面对一个把“发奋”改成“努力”的学生，第一时间要思考的是这位学生是无意为之还是有意为之，如果是有意为之，背后的原因是什么。当教师问清原因后，面对一个对拼音还掌握得不太好的后进生，是逼着他拼音还是指导他拼音，教师不同的教学行为会留给后进生不同的心理感受，将最终影响他以后的学习行为——是“发奋”还是“发疯”。

如果后进生实在说不好或说不出，教师不得不请其他学生发言时，也得注意：哪怕后面发言的学生回答的完整性与正确性好于前面的后进生，教师也不能过度称赞后面发言的学生，否则只会让前面发言的后进生更不敢发言。遇到这种情况时，教师应该善待第一个发言的学生，特别是后进生，尽管他回答得并不理想，但教师仍然应该给予鼓励，赞扬他敢于第一个举手发言，并感谢他为后来发言的学生提供了诸多启发和帮助，让他体验到“第一个”的价值，并使他为自己有幸成为第一个发言者而感到自豪，从而喜欢上发言。

案 例

一次数学课上，我给学生出示了一道难度较大的几何题，正准备慢慢引导学生按照预设的思路展开分析时，一只手怯生生地举了起来：“老师，我好像会做了……”

举手的是性格内向且成绩平平的学生小望。看到他的神情，我立刻明白了他内心的纠结：有想到解题思路的惊喜，有想表现自己的欲望，还有害怕说错被取笑的担忧。我没有犹豫，立即说：“太好了！但这道题比较复杂，你上讲台来给大家讲讲你的想法好吗？”

此时，全班学生都瞪大了眼睛看着我，似乎不相信我要将讲台让给这样一个学生。小望禁不住我一再邀请，上了讲台，效果非常好，至今我还记得他回到座位后那异常兴奋的眼神。我相信，因为这一次的上台展示，小望一定会爱上数学，所有的困难都会因为拥有“我愿意去做”的信念而迎刃而解。

由此可见，后进生的后劲也是巨大的，哪怕只是一时之劲，但只要教师肯给他们提供说的机会，搭建交流、展示、表达的平台，慢慢地，他们就会在敢说中会说、在会说中想说、在想说中爱说，最终让自己进步。

教师除了要注意保护第一个发言的后进生的自尊、提高第一个发言的后进生的胆量，还要努力提高第一个发言的后进生的发言质量，帮助他说好。在现实教学中，教师有一个习惯性做法，那就是常常把第一个学生的发言作为回答的起点，即使这个学生在教师的提醒或提示下完全能够回答得更好，教师也不积极完善它，而是热衷于让其他学生补充、深化或修改，这样虽然能够让更多的学生参与回答，扩大发言面，但给第一个发言的学生造成了负面影响。一方面，前面学生的发言似乎成了后面学生发言的“靶子”。我们在平时教学中就经常看到，有些学生在举手前东张西望，总是等别的同学举手后才举手，这可能就是不想做“第一”的思想在作怪；另一方面，后面学生的发言会受前面学生观点的影响，可能会因为模仿而出现同样的问题，教师想让后面发言的学生自觉改正并不是一件容易的事。所以，教师应该重视第一个发言的学生，特别是后进生的回答，在第一时间内给予指导，这样，既可以给后面学生的发言提供正确的示范和良好的起点，又能够让后进生在老师的帮助下发好言，体面地坐下。

前面我们谈的更多的是如何让后进生大胆地说出“我懂了什么”，最后我想说，我们还应该让后进生大胆地说出“我还不懂什么”，因为这更需要勇气，也更需要得到教师的保护。

案例

这节课，学生们的表现很给力，我感觉好极了。课讲完了，我满怀信心地问学生：“听懂了吗?”“听懂了!”学生们齐声回答。“还有谁不懂，请举手。”全班静悄悄的。这时，一个学生把手稍稍伸了一下又快速地缩了回去。细心的我发现了，温和地问：“你哪里不懂?没关系，讲出来。”他怯怯地站起来叙述着，我一边鼓励他大声点儿说，一边走过去俯下身听。听完后，我又很耐心地给他讲了一遍他不懂的问题，最后对他说：“请坐，以后要注意听讲。”

下课后，听课的校长把我和这个学生一起叫到了办公室。不知所措的学生小声说：“校长，我以后上课一定认真听讲。”没想到，校长却对他说：“孩子，今天请你来是要表扬你，你敢说真话，不懂就问，这很了不起。今后要理直气壮地问，不懂就把手高高地举起，好吗?”学生吃惊地看着校长，又看了看我。我点了点头，他便高兴地飞奔而去。我若有所悟，想了一下后对校长说：“我还以为自己很有耐心呢！现在明白了，学生好不容易有了敢举手说‘不懂’的勇气，却被我一句‘以后要注意听讲’给吓回去了，他以后很可能会‘随大流’而进入‘听懂了’的行列。”

校长微笑着点了点头。

有人说："语言是人类力量的统帅。"的确，表达能力是一个人在社会交往中必备的重要能力。然而，后进生往往显得笨嘴拙舌，也缺乏表达的勇气，所以，要想让后进生有学习的后劲，首先要从"嘴"开始。

化整为零，降低后进生学习的『门槛』

在1984年的日本东京国际马拉松邀请赛和1986年的意大利米兰国际马拉松邀请赛中，日本选手山田本一都夺得冠军，令人大惑不解。他说："每次我都把整个赛程分成几段，40多千米的赛程就被我分解成几个小目标轻松地跑完了。起初，我把目标定在40多千米外终点线上的那面旗帜上，结果我跑到十几千米时就疲惫不堪了，我被前面那段遥远的路程给吓倒了。"我们把山田本一运用的策略称为"目标分解法"。

心理学家曾做过这样一个实验：组织三组人分别向10千米以外的三个村子进发。第一组不知道路有多远，刚走出两三千米，就有人叫苦；走到一半时，有人几乎愤怒了，抱怨何时才能走到头，有人甚至坐在路边不愿走了；越往后走，他们的情绪越低落。第二组知道路有多远，但路边没有里程碑，当走到四分之三时，大家情绪开始低落，觉得疲惫不堪，觉得路程似乎还有很长。第三组不仅知道村子的名字、路程，而且他们所走的公路旁每一千米就有一块里程碑。人们边走边看里程碑，每缩短一千米大家便有一小阵的快乐，情绪一直很高涨，所以很快就到达了目的地。

心理学家得出这样的结论：当人们的行动有了明确目标，并能把自己的行动与目标不断地加以对照，进而清楚地知道自己的行进速度和距离目标的远近时，人们行动的动机就会得到维持和加强，人们就会自觉地克服一切困难，努力达到目标。

有时候没有目标，看不到奋斗的方向和结果，看不到

“前途”，会使学生缺乏后劲；而有时候虽然有了目标，但因为目标太大，让学生望而生畏，也会使学生缺乏后劲。对此，我们应该借鉴“每一千米就有一块里程碑”这种把目标分解的做法——把大目标、远目标分解成一个个小目标、近目标，从而减少后进生的心理压力，增加后进生的心理期待，使后进生由此产生“每缩短一千米便有一小阵的快乐”的心理效应。

在很长一段时间里，由于火箭自重过大，科学界一致认定火箭根本不可能被送上月球，直到有人提出“分级火箭”的设计思想，问题便明朗起来。将火箭分成若干级，每一级都装有发动机和燃料，从尾部最初一级开始，每级火箭燃料用完后就自行脱落，同时下一级火箭的发动机开始工作，以减轻重量，提高飞行能力。分级火箭的设计思想启示我们：学会把目标分解开来，化整为零，变成一个个容易实现的小目标，然后将其各个击破，不失为一个实现终极目标的有效方法。这就是“目标分解法”。

有名大学生很善于利用“目标分解法”，他大一时就开始背英文字典，每天背两三个英文单词，到大四时，虽然还没把整本字典背完，但他知道的单词比同班同学多了好几倍。

对好学生如此，对后进生更是如此。目标分解能很好地解决后进生的焦急情绪，使他们带着良好的心态去学习。这一心理效应，我们不妨用下面的生活例子来说明。

在一条繁华大街的十字路口，每年发生的交通事故一直居高不下，其中85％都是由于司机闯红灯造成的。交警问一些肇事司机：“为什么要闯红灯？难道就没有想过闯红灯的严重后果？”司机们的回答是，在路口看着那个信号灯的时间由60秒一点点减少，心里就会莫名的烦躁，那简直是一种折磨，往往等到30秒后，一些司机便再也无法忍受，脚下一踩油门，车就冲了出去。

之后，这个路口的信号灯被重新设置，结果交通事故大幅下降。令人惊奇的是，信号灯的时间长度并没有改变，只不过是将原来的60秒分割成了两个30秒。

一位心理学家解释了这一现象：60秒的信号，其实是给司机与其目标之间设置了一个60秒的距离，这60秒，超过了大多数司机心理所能承受的期望底线，于是，司机会因为等得不耐烦而产生闯红灯的欲望。而把60秒一分为二，就等于把时间分割成两部分：当第一个30秒结束时，司机的紧张心理会彻底得到释放。此时虽然出现的第二个30秒的倒计时仍会降低司机的期望值，但30秒的时间，远没有达到他们忍耐的极限，没有等到他们产生闯红灯的欲望，红灯就已变成了绿灯，交通事故由此大减。

这种把目标时间分解的做法也可应用于降低后进生的焦急情绪中，例如，一般的考试都有一个半小时，看到大量试题的那一刻，许多后进生就已心生畏惧。对此，我采用“少吃多餐”的做法，把试题特别是单元测验的试题分几次考，每次考30分钟左右，今天考填空题，明天考计算题，后天考应用题。这样的目标分解，可以让后进生感觉轻松一些，避免考试时间长了头脑发晕，也给了后进生缓冲的余地，第一天如果考得不理想，还可以及时补课。当后进生习惯后，再逐步延长每次考试的时间。

另一种做法是，我把“一月一大考”变成“一周一小测”，每周利用20分钟时间让学生做一张只有2～3道填空题、2～3道计算题、2～3道图形题、2～3道应用题的小测验卷，如此的目标分解的考试同样受到后进生的欢迎。我正是通过这一做法，让一个原本全镇排名垫底的六年级毕业班变成了全镇第一名（我中途接手这个班级，当时离毕业考试只有3个月）。

后进生对教师提出的任务之所以有时会半途而废、滞而不前，常常是因为完成任务的难度较大或无从下手，使他们觉得成功离他们较远，从而产生倦怠心理，丧失了完成任务的积极性。这时教师不妨将任务进行分解，帮助学生淡化困难，坚定信心，使他们最终到达成功的彼岸。

与“目标分解法”相关的是“门槛效应”。心理学家做过一个实验：派人随机访问一组家庭主妇，要求她们将一个小招牌挂在她们家的窗户上，这些家庭主妇愉快地同意了。过一段时间，再次访问这些家庭主妇，要求她们将一块不仅大而且不太美观的招牌放在庭院里，结果有超过半数的家庭主妇同意了。与此同时，派人又随机访问另一组家庭主妇，直接提出将一块不仅大而且不太美观的招牌放在庭院的要求，结果只有不足20%的家庭主妇同意了。研究者认为，对人们提出一个简单要求后，人们很难拒绝，因为怕别人认为自己不通人情。当人们接受了简单要求后，再对其提出较高要求时，人们为了保持认识的统一和给他人留下前后一致的印象，心理上就倾向于接受较高要求。

上述“目标分解法”和“门槛效应”对我们如何让后进生学习有后劲有一定的启发和指导意义。教师要充分考虑后进生的心理承受能力，不要一下子提出较高的要求，令后进生望而生畏，而应从较低的要求开始，让后进生“跳一跳就可摘到果子”，品尝到成功的滋味，然后再逐步提高要求，让后进生拾级而上，最终到达成功的顶峰，从而顺利完成教师设定的整体目标。

特级教师钱梦龙在进行作文教学时，就采用过类似的方法：第一次作文，只要求学生把字誊写在方格里，书写较认真，就可得90分以上；第二次作文，只要不一“逗”到底，不一段到底，就可得90分以上；第三次作文，只要无错别字，就可得90分以上；第四次作文……如此循序渐进，消除了学生特别是那些后进生对作文的恐惧心理，并使他们渐生兴趣，从而达到了大面积提高学生作文水平的最终目标。

我在转化一位经常不做作业的后进生时，先只要求他肯做作业，在逐步补课后要求他逐步提高作业正确率。我用“稍有进步”“有进步”“大有进步”和“还需努力”等文字来评定其作业成绩，直至他的学习追上其他同学，才采用与其他学生一样的等级制来评定他的作业成绩。

后进生之所以缺乏学习的后劲，往往与缺乏良好的学习习惯有很大的关系。为了培养后进生良好的听课习惯，我进行了这样的尝试：第一阶段抓坐姿和听课前的准备工作，第二阶段抓听讲的专心程度，第三阶段抓边听边“记”（边听边记忆、边听边记笔记）的习惯，第四阶段抓有疑必问（问老师、问同学、问书本）、有难必究（独立探究、合作探究）的听课习惯……

我们在运用“目标分解法”和“门槛效应”时，应注意几个基本原则：一是不求快，因为求快会对后进生造成压力，欲速则不达；二是不求多，因为求多会让后进生无力承担，丧失累积的勇气；三是不中断，因为一旦中断，会影响后进生累积的意志，功亏一篑；四是不放弃，只要不放弃，就一定有成功的机会，如果放弃，就已经失败了。

变课后补课为课前补课

著名史学家、思想家章学诚小时候很笨，背书老记不住，同学们都笑话他。有一次，他在《中庸》中读到："人一能之，己百之；人十能之，己千之。"意为如果别人比自己聪明许多，别人一遍就能学会的，自己反复用功几百次也可以学会；别人十遍就能学会的，自己反复用功上千次也可以学会。章学诚豁然开朗："记性差不要紧，我要学笨鸟先飞。"从此他学习更加刻苦了。

补课，是教师对后进生进行课外辅导的基本形式之一，一般采用课后补课的形式。课后补课，特别是教师对学生进行个别辅导，虽然能够做到针对性强，但当这些心理脆弱的后进生被教师叫到讲台前或办公室中补课时，他们会将自己定位在学习的失败者的位置。

课后补课，更多的是放学后留下来补课。然而，后进生往往并不接受教师的好心好意，因为这样的"留学"后进生不情愿，不仅耽误了回家，而且当着全班同学的面留下来很没面子，所以会排斥补课，从而影响补课效果，甚至有的学生还会"反抗"：有的出于怨恨在留下来的时间里与教师"斗智斗勇"，有的"身在曹营心在汉"与教师磨时间，认为教师早晚都得让他回家。这样的补课往往是越补越差，越补师生间的矛盾越深。

课后补课，除了情感上不顺意外，在对知识的理解上也大都不顺利，这是因为课后补课时，后进生对知识的错误理解已经经过了较长时间，在先入为主的作用下，错误的认识有可能已经变得比较牢固，等到补课时再改正会比较困难，即使改正过来，以后也会经常反复。

许多课后补课属于“亡羊补牢”，其弊至少有四：一是后进生对课堂教学时间难以有效利用；二是后进生始终处于被动学习的地位，不利于主体意识的调动；三是如果是集体补课，其他学生对“陪着补课”很反感；四是长期这样，有些后进生会养成依赖习惯，觉得课上可学可不学，反正课上学不会还有课后，导致上课注意力不集中，放松对自己的要求。如此补下去，不但教师的担子不会减轻，后进生也很难有所提高。

针对课后补课的弊端，我们不妨反其道而行之，运用“笨鸟先飞”的计策，对后进生实施课前补课。

课前补课，一是帮助后进生弥补一下学习新知所缺的知识，或者帮助后进生复习一下已经淡忘甚至遗忘的旧知，为接下来的新知学习扫清知识障碍，拉近甚至拉平与同学的学习起点，从而真正做到与同学“同”学。当然，在课前补课时，教师也可以借机为后进生打气，让他们树立信心。二是帮助后进生预习一下新知。为了能够让后进生更有信心地走进课堂学好新知，教师可以借课前补课指导后进生预习将要学习的新知，在知识重难点上做好方法的指导，让后进生对课上将要学什么、怎么学做到“心中有数”，尽管还没“胸有成竹”，但可以让后进生跟上同学的学习脚步。在课前补课初期，为了激发后进生的信心，教师甚至可以偷偷透露课上要提出的一些问题，让他们事先做好准备。

案 例

明天要教学“小数的改写和近似数”的知识了，我把班上的两个后进生留了下来，在他们预习的时候给予指导和适当的讲解。第二天课上，我在提问的时候，有意地选择了几个题目来提问他们，当学生们看到他们总能正确地回答出老师的问题，并得到老师的鼓励时，都为他们感到高兴，同时也为他们的变化感到惊奇。再看看他们自己，似乎也自信了很多，课后还主动来问我问题呢！

当课前补课走上正轨之后，就没必要在前一天特意让后进生留下来了，教师可以先放手让后进生回家自学，然后第二天来校后再围绕后进生在自学中遇到的困难“扶一扶”，这也是一种课前补课。这种先放后扶的课前补课有助于后进生慢慢脱离教师的补课，最终实现由“笨鸟先飞”的艰苦奋斗转变为“捷足先登”的独立自主。

案例

我在教学“找规律”时，考虑到这部分内容比较难，后进生在小组自学汇报的时候，肯定又要当听众，于是在第一节课课间把几个后进生叫了过来，让他们围绕昨天我特意布置给他们的预习提纲汇报一下。果然不出所料，他们对教材中提供的解题方法不理解，于是，我抓紧时间点拨了一下。

在第二节课小组合作时，我特别关注他们的思考，走到他们所在的小组去倾听他们对刚才我“泄露”的知识的理解，然后再引导、帮助他们对这部分知识加以掌握。最后在小组汇报时，我让他们代表小组来汇报合作学习的成果，让他们能够一展风采。

课前补课能给后进生提供足够的正能量，使他们不再感到痛苦和烦恼，相反，等他们尝到成功的滋味之后，极有可能会趋之若鹜，心甘情愿地要求加入课前补课的队伍。课前补课可以让后进生在课前学有准备，在课中获得成功，提升自信心。在这个过程中，消除后进生的自卑心理，使其充满自信是关键，这让我不由得想到了这样一个故事——

一个老人到公园卖氢气球，白人小孩每人买了一个。一个自卑的黑人小孩待白人小孩都走之后，才怯生生地走到老人的货车旁：“您可以卖一个气球给我吗?”“当然可以。你要一个什么颜色的?”“我要一个黑色的。”老人惊诧地看了看小孩，随即给了他一个黑色的氢气球。小孩开心地拿过气球，小手一松，黑气球在风中冉冉升起。老人一边眯着眼睛看着气球上升，一边说：“记住，气球能不能升起，不是因为它的颜色、形状，而是因为气球内充满了氢气。一个人的成败不是因为种族、出身，关键是他的心中有没有自信。”

故事的最后有这样的一段话："我们每个人的未来就像那个小小的气球一样，是否充满了足够的自信，决定了我们能够飞多远。"一些自卑的后进生之所以停滞不前就是因为缺少自信！课前补课，给了后进生自信的"氢气"，能帮助他们成功起飞。

这样的"有氧"补课还会产生很好的"氧化反应"——生发出好的影响力，当一些好学生发现课前补课可以让自己表现得更好时，尽管他们不必补课，但也很想加入课前补课的队伍，让自己能好上加好，于是我乘机向他们介绍了数学预习的方法，正因为如此，我所教的班级多次名列全镇第一。

课前补课这种"笨鸟先飞"的教育计策，其利至少有三：一是改变了后进生被动学习的状态，激发了他们主动学习的兴趣；二是由于有了上课前教师的点拨和试学的基础，后进生在课堂上较容易接受教师讲授的内容，思考和发言的积极性会随之提高；三是充分利用了教学时间，满足了不同层次学生在时间分配和利用上的需要，调动了全体学生的学习积极性。

当然，为了能够最大限度地避免课前补课给后进生造成不必要的麻烦，教师应该尽量减少补课行为的"曝光"，避免后进生产生"我是差生"的心理。

一位教师采用故意让后进生和中等生一起参加"帮老师一起备课"的活动，用"为老师排忧解难"的方法来减少补课可能对后进生心理产生的负面影响。具体方法如下：放学后，教师以办公室有重要的事情为由留下后进生和一部分中等生（这样做的目的是为了不让学生发现留下的都是后进生），态度诚恳地对他们说："老师需要大家帮我看一看、试一试明天的课这样上行不行。"如此一来，给后进生的感觉就不是在补课而是在帮教师备课和试教，进而消除了心理阴影。

课前补课加上课堂教学，使后进生有了两次学习的机会，也有了巩固、调整、弥补和修正的机会。教师通过课前补课，能更好地了解后进生的学习情况，进行针对性教学，从而提高教学效率和教学效益。

总之，补课特别是给后进生补课，迟补不如早补，后补不如前补。有人说，补课办法的优劣可分为五等：一等办法补在课前，可以事半功倍；

二等办法在课上随讲随补，力求当堂解决问题，或者在课后立即补；三等办法在批改作业之后发现问题再补救；四等办法在考试之后再补，事倍而功半；五等办法留级重读，结果越留越难教。我们应记住“课后十分钟，不如课前一分钟”这个一等的补课办法。

第22计 巧用双手

指尖上的智慧，让手成为后进生学习的帮手

科学研究发现，手指与大脑之间存在着非常广泛的联系。大脑皮层仅仅是管辖大拇指运动的区域，就几乎相当于大腿运动区的10倍，所以手指才会那么灵巧，怪不得人们说双手创造了世界，怪不得有些心理学家把手视为智慧的前哨。

我们从小就懂得，人有两件宝，双手与大脑。法国艺术大师罗丹说："手有时比嘴还会说话。"确实，人的手中"握有"很多知识，它可以告诉我们很多知识。

手是人身上最便携的"学习工具"，巧妙地借助手，不仅可以使一些抽象的知识变得形象、直观，帮助后进生理解，还可以使一些复杂的知识"附着"于手指，帮助后进生记忆，同时可以把一些结果用手势反馈出来，帮助后进生表达。

首先，教师可以利用手的运动来"做"学问。例如，在教学"相遇问题"时，教师可以用拍手运动来形象地解释"相对""同时""相遇"等解决问题的关键要素；在教学"数的分与合"时，教师可以用左右手的分与合来帮助后进生形象地理解分与合的含义。

在几何领域，手更有用武之地。例如，后进生常常会混淆周长与面积的区别，教师可以让他们掌面相互摩擦——手掌的面积，用右手手指描出左手的轮廓——手掌的周长。又如，教学平行、垂直知识时，可以让学生用两根手指交叉转动到一定的位置表示出来。再如，已知长方形的周长和长（或宽），求宽（或长），计算时后进生容易出现错误，教师

可以指导他们用手演示：用食指代表长，拇指代表宽，两只手配合围成一个长方形，周长除以 2 时，便拿掉一只手，再减去长（或宽）时，再去掉食指（或拇指）。这可以让后进生对此类错误“手”到“病”除。

手语具有指示、表形、象征、情意等多种类型，和其他非言语行为一样，手语不仅可以补充语言信息、强化语言信息，而且可以替代语言信息，甚至有时还能起到语言信息所起不到的作用。

其次，手的构造可以成为后进生学习的帮手。例如，手指长度可以用作有关度量知识的教学，手指根数可以用作有关数量知识的教学，手指间隙可以用作有关间隔知识的教学，手指重合可以用作有关对称知识的教学，等等。

案 例

一名教师教学“条形统计图”，课堂导入时把手指当作知识的“形象代言人”，带领学生用手指的长短感悟知识的“长短”，让学生轻松地理解了知识的意象。教师伸出一只手说：“你们知道这 5 根手指，哪根长，哪根短吗?”学生指出手指的长短后，教师进一步问：“你们能想出什么办法，让人一眼就能看出它们的长短吗?”学生想出用纸条代替手指，再把纸条摆在一条横线上的方法，教师由此引入条形统计图的知识。

我们现在之所以采用 10 进制进行算数，人类学家认为这与我们拥有 10 根手指有关。“数字”的英文“digital”也有手指的意思。由此，教师可以指导后进生把手指看作计数器，举起左手，小指、无名指、中指和食指可分别代表个、十、百、千 4 个计数单位，属于个级，拇指可代表万。如果学了小数，教师可以让后进生把两只手合在一起，左手代表整数部分，右手代表小数部分。

教师还可以让学生用手指记忆常用的长度单位：左手掌心朝自己，从拇指到小指依次代表千米、米、分米、厘米、毫米，手指间距离的大小可以形象地表示相邻两个长度单位之间的进率。用同样的方法也可以表示相应的面积单位及其进率。

一只手有5根手指，我们很容易想到与5有关的知识，例如，“5的分与合”“5的乘法口诀”等的教学，都可以用手做观察对象和操作材料，如果一时遗忘，也可以重新“手”到擒来。

用两只手就可以辅助后进生学习与10有关的知识，例如，摊开双手，按下左手的拇指表示“10可以分成1和9”或“1和9可以合成10”，按下左手的拇指和食指表示“10可以分成2和8”或“2和8可以合成10”，依此类推。

案例

“10个一就是1个十”有点像绕口令，一位后进生不解其意，教师在用小棒操作后，及时改用手指来帮助这位后进生理解和记忆。具体做法：握好两拳，伸出左手拇指让学生复习“1个一”，再伸出左手食指表示“2个一”，再伸出左手中指表示“3个一”，直到10根手指全部伸开表示“10个一”。然后把两只手的10根手指抱在一起表示“1个十”，这样学生在手势的分与合的变化过程中明白了“10个一就是1个十”的转化过程。

当教师要求这位后进生用手势表示“11，12，13”等数时，他急中生智，想到了与同桌合作：他让同桌两手抱拳表示“1个十”，他接着竖起几根手指表示“几个一”。当演示到“20”时，两人的双手紧紧地握在了一起，在握手的友谊中愉快地理解了20由“2个十”组成。

在低年级有关计算的教学中，“十几减几（退位减）”是后进生比较难掌握的知识，我们不妨教他们用手指辅助计算：用被减数“十几”中的“10”去减减数“几”，口算出来的差用左手手指表示，然后用右手手指表示被减数“十几”中的“几”，最后双手手指合起来表示的数就是“十几减几”的结果，此举其实就是破十法的思路。当后进生熟练使用之后，就会感觉到自己的双手就是一个便携式计算器。

同样，我们还可以教后进生用手指记忆9的乘法口诀：伸出两只手，从左到右，按1～10的顺序排列，计算一位数乘9时，只要弯起相应的手指，这个手指左边的手指数目就是积的十位上的数字，右边的手指数目就是积的个位上的数字。如计算 3×9 时，就弯起左手左起第三根手指，左面的 2 根手指表示 20，右面的 7 根手指表示 7，所以 3×9 的积就是 27。

教师可以指导后进生利用手指的间隔记忆植树问题：把手指当作树，手指间的距离当作间距，这样便可以清楚地看出“棵数=间距数+1”。另外，教师还可以指导后进生利用拳头关节的凹凸来记忆大月小月的知识，两个手握拳放在一起，从一边开始数关节，凸出部分是大月，凹陷部分是小月。

除了手指，教师还应该教会后进生使用手臂来助学习一臂之力。例如，在“认识钟表”的教学中，教师可以指导后进生用两个手臂分别代替时针与分针表示出各种时间。又如，在“平移与旋转”的教学中，教师可以指导后进生用手臂表示出旋转的动作。再如，两个小学生 4 个手臂围起来的面积大约是 1 平方米。

在信息反馈时，后进生可以使用手语表达自己的学习结果或学习愿望。例如，用手指表示一些小数目的结果或对项目的选择，用“V”或“X”的手势表达“对”或“错”的判断。又如，可以用跷起拇指表示赞同、用拳头表示反对、用手掌表示补充。

案例

一位教师在让学生用手势反馈判断题的对错时，发现一些后进生出手比较慢，等一些学优生出手后才出相同的手势。于是，他让学生先把双手藏在身后，想好答案所对应的手势，等教师发出“出手”指令后，学生再从身后快速出手表达自己的判断结果。

用手势表示答案时，教师先让学生藏一“手”，既可以保证学生有足够的时间仔细考虑，又可以让学生一起“出手”，从而了解到比较真实的反馈信息。

手的使用影响着人的智商。养生学介绍，双手先对搓手背 50 下，然后再对搓手掌 50 下，可以促进大脑机能。科学研究表明，动手与动脑之间有着联动效应，“心灵手巧”“智慧出自手指尖上”。意大利教育家蒙台梭利曾经论证：“儿童的学习发展过程，通过双手的操作及感官刺激，学习效果比未受过刺激的孩子快四倍。”日本有位学者也曾说过：“如果想培养出智力发达、头脑聪明的孩子，那就必须经常锻炼其手指的活动能力，手指的活动能刺激脑髓中的手指运动中枢，从而能促使全部智能的提高。”手的动作越复杂，就越能积极地促进大脑的思维功能。所以，在教学中，我们应该多给后进生动手操作的机会，特别是一些具有知识含量或技术含量的探究活动。

手的使用还影响着人的情商。澳大利亚一项研究发现，训练不经常使用的那只手有助于提高自我控制能力。许多后进生自我控制能力比较差，对此，我们不妨试着锻炼他们使用反手的能力。

数学家陈景润为证明“哥德巴赫猜想”，所用草稿从不随意扔掉，而是用麻袋装起来，最后不知装了几麻袋。陈景润将这些草稿作为证明“哥德巴赫猜想”的“宝库”。在陈景润眼里，草稿纸不是作废的稿纸，他养成了在遇到新的问题一时难以解决的时候自觉到“宝库寻宝”的习惯，通过查阅和反思，从草稿中挖出“金子”来。

草稿纸，也许当初给它起名时就说明了许多人的态度——草草书写的稿纸，在后进生眼里，草稿更是“草搞”。

一是乱拿。有些后进生事先不准备好草稿纸，等到需要用的时候，随便找个地方打草稿，橡皮上、手掌上、课本上、课桌上，甚至试卷的空白处都成了草稿纸。有的后进生虽然准备了草稿纸，但没有专门管理，需要用时，他们会“翻箱倒柜”地找。而用作草稿纸的，多是些零碎的纸片。

二是乱写。有的后进生在草稿纸上乱写乱涂，更普遍的是打草稿时字迹过于潦草，以致看错、抄错。还有的后进生东写一个西写一个，见缝插针，杂乱无章，草稿纸上密密麻麻、重重叠叠，很难找齐某一题的解答过程，不利于做题后进行检查。

三是乱扔。许多后进生用完草稿纸后便将其当废纸随手乱扔，影响环境。我们常常看到，打扫卫生时清理的废纸大多是草稿纸。这种处理草稿纸的方法，不仅影响学习效果，还会影响自己良好行为习惯的养成。

有调查发现，除学优生外，70％的学生都没有固定的草稿本。还有调查发现，只有14.1％的学生认为自己的草稿本整洁，这说明学生在草稿纸的使用中缺少规范。由此不难猜测，后进生的草稿纸更是“脏、乱、差”。

教育是什么？陶行知说：“往简单方面说，只须一句话，就是要培养良好的习惯。”从草稿纸便能看出学生的习惯好不好。学习习惯影响着学习水平，虽然只是草稿纸，但用好它也应成为学生的一个好的学习习惯，成为学生特别是后进生学习的帮手。

有怎样的草稿纸就有怎样的学生。草稿纸不是“废纸”，而是“试纸”，可以试出学生的行为习惯、性格特点、思维品质。一般来说，在草稿纸上书写较乱的学生，思维也比较缺乏条理性；喜欢在草稿纸上乱写乱画的学生，往往思维不够集中，容易中断；不停更换草稿纸的学生，则比较浮躁。学习态度比较端正、认真的学生，一般都有固定的草稿本，使用也比较规范；学习不是很用心的后进生打草稿时一般都比较随意、马虎。由此可见，要让后进生端正学习态度，可以先从端正后进生对待草稿纸的态度开始。

有一位母亲，每当儿子做完题，就会告诉他有错题，但从不会具体说是哪一道题，更不会说到底错了多少道，而是让儿子自己检查。为了改正错题，儿子往往要从头到尾检查每一道题，然后从草稿纸上检查每一道题的计算过程。这样做有四大好处：一是能帮助儿子树立信心，他要是对自己的解题方法有信心，就不会把对的改错；二是通过反复琢磨，那些模棱两可的知识能够得到确认和加深；三是多走“冤枉路”，等于让儿子进行了一次复习，从而可以巩固知识；四是有利于儿子认识到草稿的重要性，从而自觉打好草稿并用好草稿纸。

在培养学生用好草稿纸时，教师不妨先与学生说说华罗庚、陈景润等名人和草稿纸的故事，说明草稿纸的重要性。然后，把是否有草稿纸作为检查课前准备的一项内容。教师还要以身作则，可把黑板看作学生的作业本，画出一块打草稿的地方，当然也可以把草稿直接板书在讲解的例题或习题旁边，从而让后进生效仿并养成打草稿的习惯。

为减少草稿纸乱飞的现象，我们提倡把草稿纸装订成草稿本，并让学生感觉到草稿本的地位等同于作业本。教师在批改作业时，要定时定人特别是要对后进生的草稿本进行抽查批改，因为一向被学生甚至教师也忽视的草稿其实最能体现出学生的学习过程与方法，有些问题从草稿中才能看出来。

案 例

有一道选择题：“把 10 以内的所有素数全部乘起来，积一定是（ ）。A. 奇数；B. 偶数；C. 素数。”一位后进生答题正确，但他在草稿上写的算式是“1×2×3×5×7”，由此可见，虽然他选择的答案是对的，但思路却是错的。

另外，教师还要教给后进生合理放置草稿纸的方法，例如，可以是“书签式”，把草稿纸夹在课本中，用则用，不用则当书签；又如，草稿纸可以采用对折或 2 次对折的方法，做到“物尽其用”；再如，指导后进生注意草稿的书写顺序，一般按从左边起由上往下的顺序书写，在解答题目较多时，标明题号，以便检查时能够快速找到。

为了让学生重视草稿纸，有一位教师发明了草稿纸和作业本一体化的做法：把作业本的页面分成两半，一半用来写作业，另一半用来打草稿，当然也可以将页面的三分之二用来写作业，剩下的三分之一用来打草稿，尽量做到题目和草稿位置对应，便于教师批阅时将作业与草稿对照着看，无形中提高了草稿纸的地位。

案 例

我发现还有几个后进生一直都没有准备草稿本，还有一些后进生的草稿本书写凌乱，破烂不堪。

于是，我准备了一些小礼物，找了种种理由让每位学生都拿到礼物，还能听到我的赞美之词，然后我向学生要礼物：“你们就把草稿本送给我当礼物吧！那可是我们全班同学智慧的结晶啊！多有纪念意义啊。但好像有的学生有点儿小气，到现在还没准备礼物给我，我今天先把礼物送给你们，我想应该不会有学生‘厚脸皮’不送给我‘礼物’吧！”

这招显然起作用了，一下课就有一位后进生来找我：“老师，我的草稿本有点儿乱，能换一本吗？”……到学期末的时候，我收到了所有学生的礼物——草稿本，还附赠了许多祝福语呢！

当后进生准备好草稿纸之后，教师应该让他们明白：打草稿不只是用来计算式题，还可以用来分析题意，用好草稿纸可以帮助他们思考、解决一些难度较大、解题步骤较多的问题。

例如这道题："化肥厂前3天每天生产化肥14吨，后4天共生产化肥63吨，平均每天生产化肥多少吨?"教师可以教会后进生在草稿纸上简化题意：

前3天　　　每天14吨

后4天　　　共63吨

这样一打草稿，"前3天"和"后4天"的生产情况就一目了然了，学生就容易想到解题方法。

又如这道题："2014年的4月份上几天课？休息几天?"后进生可以在草稿纸上列一列日历表，数一数上课几天、休息几天，答案显而易见。

再如这道题："一块长方形菜地长5米，宽4米，现将这块地扩大，长增加2米，宽增加1米，那么这块地的面积增加了多少平方米?"当后进生在草稿纸上画出简图后，便能很快理解题意。

我们不仅可以在草稿纸上写写、画画，还可以将草稿纸作为探究问题的学具。如这道题："要将一根3米长的木条锯成每段是3分米长的小木条，需要锯几次?"教师可以引导后进生把身边现成的草稿纸作为学具，撕下一条，按照题目的要求动手做一做，问题就会迎刃而解。

草稿纸还可以成为后进生与教师交流的工具，有的后进生胆子较小、信心不足，教师可以鼓励他们把"想对老师说什么"或者"想向老师问什么"写在草稿纸上，让教师阅读或回答。

总之，草稿纸不仅可以帮助教师看到后进生分析、思考、探究的痕迹，而且如同一面镜子，能帮助后进生看到自己的"过去"，促进其学习反思，成为其"成长档案"。

第24计　收纳错误

依错生思，聚思成慧，提升后进生的反思能力

许多国家都在研究一门新学科：失败学。它是现状管理学的子学科。第一次海湾战争后，美军在向国会提交的1200多页的报告中，仅用200页描述战争的原因、过程和取得的胜利，却用1000多页检讨暴露的问题及原因、教训，并以此为依据，对军方进行了多方面改进。因为有了这个“错题本”，后来进行的美伊战争，就避免了很多错误，较快地达到了战争目的。这是运用失败学的一次典型示范。

后进生在学习过程中容易出错，甚至经常犯以前犯过的错误，不仅令教师头疼，后进生也为自己总犯相同的错误而懊恼，有时还会为自己记不住错误、教训而自责。常规意义上的作业订正，许多后进生认为把错误改正就好了，对错误所暴露的知识缺陷和能力不足并不重视。对此，我们给出的教育计策就是给后进生建立错题本——收纳错误。

有资料显示，许多考入北京大学、清华大学的学生多次提到错题本的重要性——大大减少甚至杜绝了类似错误的再次出现。学优生尚且如此，何况后进生，他们更需要错题本的帮助。

错题本作为一种载体，旨在培养后进生的反思能力，深化其对错误的理解。特别是对相似的错误，当后进生连续犯同一类型的错误时，不得不通过反思发现知识的薄弱环节，进而获得技能——当后进生需要某种解决问题的技能时，反思自身或他人失败的教训，能让自己获得“走出沼泽”的本领，最后举一反三，引发后进生对同类型错例的整合，并进行补偿性变式练习，从点到面，从而达到波利亚所说的“当你找到第一个蘑菇后，要环顾四周，因为它们总是成堆生长的”。

常见的错题本有三种类型：一是订正型，即将所有错题都抄下来，并订正；二是汇总型，即将所有错题按单元顺序进行汇总，便于根据教材内容进行复习；三是分类型，即将所有错题按错误的类型进行分类整理，便于从错题出现的频率中发现自己的“短板”，有利于学生更有针对性地巩固提高，也有利于教师了解班级学生特别是后进生的问题所在，进行因材施教。

错题本一般采用“题目＋正解＋错因”的书写格式，可将错题本的一页按 1∶3 分成两块，小块抄写错题出处及下次复习此题的时间，大块书写题目考查的知识点、正确解析、错因分析、规律总结、同类习题。如下图：

错题出处： 页码： 题号： 下次复习此题的时间： 1. 第 2 天__月__日 2. 第 5 天__月__日 3. 第 15 天__月__日 4. 第 60 天__月__日	考查的知识点： 正确解析： 错因分析：（包括表面原因和深层原因） 规律总结：一题多解 同类习题：__页__题 __页__题 __页__题

根据遗忘规律，当天整理的错题，应按照由短到长的时间间隔复习巩固，每次阅读前最好把前面几天整理的题目也浏览一遍，以加深印象。每天的错题集中收集，及时消化。为避免耽误时间，在翻看错题本时遇到不会的题就做个记号，再次查看时如果还是不会，就做个重点标记，以便接下来重点突破。如果有些错题感觉自己已经明白了，以后也不会出现同样的错误了，整理时就可删除。使用错题本是为了逐渐减少错题，而不是为了积攒错题。

在整理错题时，可以用不同颜色的笔进行区分，如用蓝色笔书写原题和正确解答，红色笔书写错误答案和错误原因、自己的反思和总结。另外，还要注意以下几点。

一是错题来源多样化。课本练习、课堂作业、单元练习等都可以利用起来，甚至课堂上师生互动中出现的错题也可以以数学日记的形式记录下来。

二是错题来源优质化。并不是所有的错题都要摘录，而应该选择有反思价值的错题，如哪些是自己重复出现过的错误？哪些是课堂讨论中的易错题？哪些是自己现在依然觉得有困难的？

为了让整理错误成为一件有意思的事情，可以给错题本取名“错题医院”“错题农庄”“希望树”等，也可以在错题本空白的地方装饰一些图案，或写一些提醒自己的话，如“读题的时候不要漏字”“结果要写单位”等，考前大声读几遍，对一些粗心的后进生是很有用的。有时候也可以写一些激励自己的话，甚至可以在错题本上写出自己内心的烦恼与教师交流，避免面对面的尴尬。

教师应当利用积分榜、错题小报、好题讲坛等形式，集合家长的力量，帮助后进生的反思能力持续发展，并使其养成良好的学习习惯。例如，在家中，家长可以根据错题本给孩子出相应的题进行检测，这样就避免了乱买资料或者在家时无从帮助孩子复习的现象。在学校中，教师可以开展“错题本漂流”和“抛砖引玉”活动，提倡同层次同学间互换错题本进行学习，看看是否能从他人的错题本中淘到“金”。

错题本的使用，可以改变后进生对待错误的态度，使他们正视错误，防止错误，最终消灭错误。错题本的使用，还可以改变一些学生学习马虎的不良习惯。

教师要坚持每天针对典型错误和典型学生进行检查，制作易错题纸条来抽查出错的学生，让学生或上台板演或口述解题思路和错误原因；将一周内学生出现的易错题进行改编，或者收集同类的易错新题编制巩固练习，进行追踪测试。

案例

我每周会专门安排一节课，把学生特别是后进生错题本中的共性问题收集起来，用 PPT 展示，命名为“你错我改”，让学生一起找出错误，并分析产生错误的原因。

每月月末，我会让学生整理这一个月的错题，分成计算、概念、操作、应用四个板块，并让学生在家长的帮助下绘制“错题小报”。学生们的兴致很高，小报名称也起得很别致：《错题档案馆》《错题回收站》《知错就改》《改错夏令营》……具有代表性的错误，学生还会加上有趣的配图，使一张张小报生动有趣。我选择其中特别精美的进行展示，既启发了学生的创作灵感，又起到了巩固知识和相互交流的作用。

在复习课上，教师也可以拿学生的错题说事。这样的复习课有别于传统上法，它基于学生特别是后进生的错题之上，使复习更有针对性。学生练习中的错误，是学生当时的学习“病历”。有些属认知方面的，有些属于非认知方面的；有些具有普遍性，有些具有个体性。教师可以让学生特别是后进生在课前收集自己学习中的错题，然后筛选自己认为值得一提的“病情”在课中自我剖析，说“病源”，说“病理”，说“药方”。

这样的复习课，对学生自身是一次反思和巩固的过程，对别人则是一次提醒和复习的过程。个体性问题容易引起其他学生的好奇，普遍性问题容易引起其他学生的共鸣。这些来自学生的真实的声音，学生爱听，远比由教师一味地讲效果要好得多，教师只需要把学生未涉及的知识重点、难点或注意点进行精讲即可。

另外，学生的错题还可以用作试题。当教师告诉学生考试试题取材于或改编自学生的错题时，学生之间必定会掀起一股彼此交流错题、分析错题、研究错题的学习热潮。

错题本除了用于理科，还可以用于文科，下面这则案例中的语文教师便运用了错题本。

案 例

为了让学生小丁进步，我给他找了一个“师傅”——错词记录本，每天让他听写10个词，记下他写错的，第二天听写新词前先听写前一天写错的词。每周我都要和小丁进行一次交流，拿着错词记录本和他一起找记不住某些词语的原因：有时是因为小丁不理解词语的意思；有时是因为字太复杂了，小丁靠死记硬背达不到最好的效果……于是我根据不同情况用不同的方法帮助小丁记词语。如“暖”字，我会和小丁交流，“太阳照在身上是暖洋洋的，所以是‘日字旁’；右边的‘爪’字头是小朋友的帽子，中间的一横是围巾，围上真暖和，最下面的‘友’字是小朋友，和小朋友靠在一起更暖和了”。有了这样的分析，小丁的记忆效果明显提高了。

我们可以把学生出现的错题集中起来，整理成提醒学生注意的材料下发给学生。如英语学习中，关于语法方面的题目学生的错误率相对较高，而且是讲了又错，错了再讲，反反复复，很多教师都失去了耐心。对于这种情况，有位英语教师采取的方法就很好：把所有学生做错的题目都整理出来，并在下面归纳出语法的要点和错误的原因，下发给学生。这样一来，学生的语法知识点便得到了巩固，再碰到类似的题目就不会出错了。同时，通过整理学生的错题，教师对学生在学习语法知识时的心理和可能犯的错误有了深入了解，教学时就可以有的放矢。

如果所有学科都建立了错题本，那么当学生把全部学科的错题类型归类放在一起时，就可建立起属于自己的错误体系，进而找出自己学习中存在的问题。

教师装糊涂，可以让后进生不糊涂

香港有家公司发明了一种新型塑料制电饭锅，为了区别于普通金属厨具，该公司有意将其街头巨型广告牌中“锅”字的“金”字旁去掉，于是行人都驻足评论其错字，结果使产品知名度大增。这是一种广告创意的“故意出错法”，此法不是乱错、瞎错，而是错得“巧妙”，错得“适当”。

对于后进生，教师要能够“容错”，并能够“融错”，甚至能够“荣错”。这是因为在犯错中进步才是学生特别是后进生学习的常态，不犯错的学习反而是不正常的，也是不可能的。有人说，教室是学生出错的地方。此言甚是，心理学家盖耶说过：“谁不考虑尝试错误，不允许学生犯错误，就将失去最富成效的学习时刻。”

在教学中，教师害怕后进生出错的心理，必然会导致后进生产生害怕出错的心理，使其遇事愈加缩手缩脚。作家叶倾城曾写道：“恕我恭喜你：恭喜你进入真实世界，恭喜你从此拥有了犯错误的机会——我们都是这样错了又错，才长大的。”是啊，在教学中，教师也应该给后进生犯错误的机会，让他们在“吃一堑，长一智”中长大。

在学生不犯错的情况下，教师甚至可以制造错误：一种做法是教师故设陷阱，引诱学生犯错；另一种做法是教师故意犯错，让学生指出错误。

如果是教师犯错，学生会怎样看呢？会认为教师是个差劲的教师吗？法国作家雨果说：“尽可能少犯错误，这是人的准则；不犯错误，那是天使的梦想。”也就是说，教师犯错反而更容易让学生感到师生之间的“平等”。教师犯错只会让学生特别是后进生看到教师也是与自己一样的凡人，连教师都会犯错，那么自己犯错也就不必过分自责，只要知错能改就行。由此可见，教师犯错能够拉近与学生特别是后进生之间的距离，消除他们对教师的畏惧感。

如果教师真的犯了错，要勇于承认错误并承担后果，要让学生看到教师的真诚。教师完全没有必要担心自己犯错会被学生笑话，相反还能带来特定的教育效果，那就是起到身教的作用。教师犯错后及时改错，不但不会损害自己在学生心目中的形象，反而会使自己的形象变得高大起来。孔子说："君子之过也，如日月之食焉。过也，人皆见之；更也，人皆仰之。"教师犯错后，只要改之，学生亦仰之。

在教学中，如果教师犯了知识上的错误，学生又是什么反应呢？在我参加工作不久的一次公开课上，在做练习时，一位学生说解题过程，我在黑板上写。学生有一步忘了变号，由于紧张，我也没有发现，算到最后时才发现结果与答案不一致。看看题目，也没有发现错在哪，我一时僵在那儿，不知如何是好。这时，一位学生小声说："老师，第二步错了。"我当时恨不得找个地缝钻进去。我努力控制住自己的情绪，说："我们一起重新计算一遍，好不好？"学生们都睁大了眼睛，全神贯注地跟着我一步步计算出正确结果。课后，同事向我谈起听课的感受："你做题时出了点错，倒使我记住了你讲的内容。"那次学生课后作业的正确率很高，说明学生也有同感。教师出错，学生反而更用心，其中的道理，我们可以通过下面的一则故事来体会。

有家客栈生意不好，老板求教于一位圣人。圣人说："你把店名改成'5个铃铛'，然后在门口挂上6个铃铛。""6个铃铛？太荒谬了，这样做能有什么好处？""你试试就知道了。"圣人微笑着说。

结果每个路过客栈的行人都会走进店里，指出这个错误，他们都认为别人没有注意到这个小错。当他们走进客栈后，大多数都会被里面的设施和服务所吸引，就会留下来歇息一晚，于是这家客栈的生意越来越好了。

世上没有什么比纠正别人的错误更让人高兴的了。学生特别是后进生会因为发现教师的错误并纠正教师的错误而感到特别开心。由此给后进生带来的学习后劲是，要想找出教师的错误，自己必须集中注意力，要能纠正教师的错误，自己必须掌握相应的知识。

所以，高明的教师不怕犯错，相反，他们还会故意犯错，以吸引学生特别是后进生的注意。正如上述故事中“5 个铃铛”的错误可以吸引顾客走入客栈一样，教师也可以通过故意出错吸引学生特别是后进生的注意力，使其认真听课。

案 例

一位教师执教《在烈日和暴雨下》时，故意把“在烈日和暴雨下”写成“在暴雨和烈日下”，被一位后进生发现了：“老师，您写反了！书上写的是‘在烈日和暴雨下’。”

“是啊！是啊！”全班学生都很兴奋。然而，教师故意不认错：“我没有错！‘烈日和暴雨’是并列短语，意思一样。”

“不对！”一位女同学激动地站了起来，“题目名为‘在烈日和暴雨下’而不是‘在暴雨和烈日下’，是有道理的！因为课文先写的是烈日，后写的是暴雨，这既是天气变化的顺序，也是课文的大体结构，怎么能够随便颠倒呢?”

教师故作恍然大悟状：“嗯，有道理。好，我接受同学们的意见。谢谢同学们！特别要感谢第一个发现我错误的同学！”

这种利用教师出错的新课导入方法，我也曾经用过。教学“加法交换律”，在介绍了生活中的交换现象之后，我故意在黑板上把“交换”写成“换交”，果然，眼尖的学生发现了我的错误，我借机问学生：“两个字的顺序怎样处理就可以改过来了呢?”学生异口同声：“把两个字交换一下位置。”你看，在这里，再一次用到了“交换”，学生对“交换”的记忆怎能不深刻！

后进生不太关注细节，如经常漏写圆锥体积公式中的“$\frac{1}{3}$”、经常把体积单位误写成面积单位。因此，我在平时的教学中，就故意犯类似的错误，鼓励后进生挑错、改错，并给予一定的加分奖励。慢慢地，后进生就很少犯这种错误了。

教师的故意犯错，不仅可以引起后进生更多的注意，而且可以让后进生获得更多的想法。

案例

教学“一个数是另一个数的几倍”，在讲解一道题时，我故意少画了 1 个□，然后要求学生说出两种图形之间的倍数关系：

○○

□□□□□

（ ）是（ ）的（ ）倍。

题目刚写完，学生就大喊：“题目错啦！题目错啦！”我故意说：“错了吗？那怎么办呢？谁来帮帮我？”学生一听要帮老师，兴趣一下子被激发了起来，个个跃跃欲试，想出了各种办法。

一位学生发言：“可以加上 1 个□，□是○的 3 倍。”我看到一位后进生盯着题目做思考状，于是走到她身边，悄悄地启发她：“除了可以加上 1 个□，还可以……”她茅塞顿开，举手回答道：“可以减去 1 个□，□是○的 2 倍。”

之后，有学生想出了第三种方法：“可以减去 3 个□，此时□是○的 1 倍或○是□的 1 倍。”

“由‘可以减去 3 个□’，你还能想到什么？”我一边说，一边留意后进生的表情，发现有一位后进生想举手，又不太敢，于是我隆重邀请他发言。他受宠若惊：“可以加上 3 个○。”我带头鼓掌。

从上述案例可以看出，只要引导得法，并提供表现的机会，后进生同样能够积极发言。而这都源自教师故意犯的错——少画了 1 个□，所有学生都通过这道题的练习，弄清了两个数量之间的倍数关系。

我国教育家梁漱溟认为，最有学问的人，就是最能了解错误来源的人。教师就应该是这样一个有学问的人，能够依靠自己的教学经验预测学生特别是后进生，可能会在哪里犯错以及会犯怎样的错误。

在后进生转化中，教师可以利用故意出错为学生营造一种矛盾氛围，以引起学生尤其是后进生的注意和质疑，然后让学生在讨论、澄清错误的过程中加深对所学知识的理解。

要让后进生有主意，首先要让后进生能注意

许多资料表明，在比赛中运动员之所以能做出流畅自如的动作，往往是因为其注意力高度集中。比赛时，运动员的头脑极为清醒，大脑能够及时获得清晰、准确的反馈信息，注意力高度集中于当前的比赛中，从而使动作控制自如，心理轻松、镇定，取得较好的成绩。

注意是知识的门户，学生学习时只有集中注意力，才能打开智慧之窗，让知识的阳光照射进来。然而，注意力不集中或不能较长时间集中这种情况在后进生中尤为突出。

排除生理缺陷的因素，后进生不能集中注意力的原因可能有以下三个方面：一是由年龄特征决定的，小学生注意力不稳定、不持久，容易被一些新奇的事物吸引，自制能力差；二是学习压力过大所致；三是教学的乏味所致。

针对第一个方面的原因，我们可以对后进生进行思想和心理引导。

第一步，让后进生想一想自己看电视时为什么能够聚精会神，这说明后进生也是可以集中注意力的，只不过没有把这种注意力用在课堂上而已，因此，从今天起，每天都要对自己说，“我是能注意听讲的”。

第二步，让后进生明白看电视之所以能够集中注意力是因为自己对电视节目感兴趣，喜欢看。那能不能也喜欢认真听讲呢？也许你不太喜欢，没关系，先假装喜欢一下，再给自己找一些喜欢的理由，分析一下认真听讲有什么益处，如老师的表扬、家长的鼓励、同学的羡慕等，慢慢就会真正喜欢上认真听讲了。

第三步，让后进生每天晚上花一点儿时间把明天要学习的内容预习一遍，想想老师可能会问什么，自己可以怎样回答。第二天上课，老师一提问，你就举手，别人还在想，你就已经回答出来了，多棒。另外，仔细听老师讲的内容，看看有没有和自己想的不一样的地方，用笔做个记号，下课问老师或者同学。

当后进生认识到集中注意力的重要性，并产生集中注意力的需要之后，还需要有保持注意力集中的意志力。对此，教师可以教给后进生一些保持注意力的方法。

一是自我警示。让后进生把提醒自己集中注意力的警句格言放在学习时随时可见的地方，看到它，就会避免和减少自己走神。

二是自我记录。让后进生准备一个小本子，专门用来记录走神的内容，几天后再看记录，后进生会发现之前胡思乱想的东西多么无聊，过不了多久，小本上就会出现“我今天学习一直没走神”的记录。

三是自我奖惩。让后进生制订一个奖惩方案，如在预定时间内保持了注意力集中，就奖励一下自己；由于走神使学习计划落空，就惩罚一下自己。

我们还可以教给后进生一些专门训练注意力的方法。例如，被誉为“韩国首席妈妈”、将6个子女培养成哈佛大学或耶鲁大学的博士的全惠星发现，很多著名人物的智商并不比常人高，但他们往往能够长时间集中精神，把自己的智能发挥到极点。

案 例

一天，全惠星去巴厘岛度假，发现两位练印度瑜伽的姑娘盘膝坐在海岸边的礁石上，面朝大海，面前放着一块黑色的板子。全惠星纳闷地问：“这块黑板是做什么的呢？”两位姑娘告诉她，这块黑板是为了让自己把目光紧紧地盯在上面从而入静。全惠星问：“为什么是黑色的呢？”姑娘的回答很有哲理：“黑色是一种虚无，瞅在黑色上，能到达虚无的更深处。”

全惠星恍然大悟，回家后她便做了一块面积约6平方米的“黑板”，中央有一只小小的蓝色闪光灯，每隔一段时间，闪光灯就会闪动一下。每天晚上睡觉前半个小时，她要求孩子们盯着“黑板”，大脑停止一切思维。

有时孩子们不知不觉中，精神就“溜号儿”了。这时，“黑板”中央的灯就闪动起来，一个声音提醒道：“请不要想任何事情，请不要想任何事情……”

经过半年的训练，孩子们大多能保持十多分钟的“零思维”状态。这种强大的入静能力，提高了孩子们对大脑思维活动的控制能力，这种能力，使得全惠星的孩子们能够在学习时高度地集中精神，从而极大地提高了学习效率，也极大地提高了分析能力和创造能力，为他们以后的成功打下了坚实的基础。

除了全惠星所采用的“在某一时间里只盯住一个目标，而不为其他事物所动”这种视觉方面的训练之外，我们还可以从听觉、感觉两个方面来训练学生的专注能力。例如，在某一段时间里，只听某一种声音，然后从众多声音中抽离出这种声音来聆听；在某一段时间里，去专心感受某一种事物，如太阳、月亮的存在，空气的温度，树的动静。久而久之，定能提高学生的注意力。其实，要想长时间集中精神，还有很多方法。

一是让手参与进来。比如，看书的时候做笔记，写字能够让人的注意力聚焦在写的那部分内容上。

二是用一件让自己能够快速集中注意力的事作为开始。比如，学习之前先看一会儿自己感兴趣的书，进入保持状态后，再切换任务做该做的事情。

三是大声读书。大声朗读可以使口、眼、脑相互协调，在读书特别是诵读经典的过程中，要做到不读错、不读丢、不读断，注意力必须高度集中，坚持下去，注意力就能逐步提高，理解能力也会逐渐增强。

四是情境想象。学习时想象自己是在参加某次大赛，这样就会有足够的紧张度，注意力也就集中了。

五是在醒来后不久开始。人刚醒来时，大脑中没有充满杂事，这时比较适合开始一项需要长时间集中注意力的任务。

六是杜绝干扰。比如，断网、断手机。当人还没有专注于某事物的时候，总会想去处理其他事情，所以要让自己没有可处理的事情。

七是适当运动，唤醒你的身体。运动会加强血液循环，能够让人的身体活跃，从而适应大脑需要高速运转的需求。

八是拒绝舒适。床上、沙发上，寝室、家里，都不利于长时间保持注意力，请去图书馆或自习室。

九是对自己进行强烈的心理暗示。暗示自己今天不做不行，暗示自己现在不好好学习，人生从此就暗淡了。暗示一定要足够强烈，要把自己逼向死角，好让注意力聚焦在自己正在做的事情上。

十是将大问题划分成小问题，分而治之。集中注意力25分钟后休息5分钟，会事半功倍。

针对第二个方面的原因，如果后进生是因压力大而无法集中注意力，我们可以教给他们一些减压措施。

一是音乐疗法。舒缓的音乐能帮助人放松心情，教师不妨在学生特别是后进生烦躁的时候，放一首轻音乐，使学生全身得以放松。

二是深呼吸或大声喊叫法。当后进生注意力不能集中时，教师可以让他们闭上眼睛，深吸一口气，再缓缓吐出来，反复做几次，直到能再次集中注意力为止，或是让学生在课后找一个空旷的地方，大声喊几声，为自己“减压”。

三是体育锻炼法。体育锻炼可以帮助学生有效缓解精神方面的压力。

针对第三个方面的原因，我们可以通过改进教学方法来吸引学生尤其是后进生的有意注意。心理学研究认为，5～6岁的儿童的注意力集中时间为10～15分钟，7～10岁的儿童的注意力集中时间为15～20分钟，10～12岁的儿童的注意力集中时间为25～30分钟，12岁以上的儿童的注意力集中时间能持续30分钟以上，可见人的注意力是很难长时间集中的。

教师要特别注意一节课中学生容易走神的三个“关键时间点”：一是刚开始上课时，因为课间活动常使学生的心理和情绪处于兴奋或不稳定的状态；二是一节课大约进行到一半时，因为学生的有意注意维持大约20分钟后，神经便处于相对抑制状态，注意力便难以集中；三是下课前的几分钟，此时学生的注意力分散，比较疲惫。

对此，教师可以采用以下几点做法：一是每节课提前一两分钟在教室门口“候课”，等待学生做好上课的准备；二是上课伊始尽量用生动活泼、富有吸引力的话语导入新课，尽快使学生的注意力集中到课堂上；三是当一节课进行到一半时，要通过新颖有趣的练习，使学生再次兴奋起来，从而实现注意力的高度集中；四是临近下课时设计游戏或活动，形成新的刺激，使学生再一次活跃起来。

心理学研究告诉我们，反复运用某一种学习方式会产生倦怠感。后进生上课走神，很可能是由对知识的重复或方式的重复感到倦怠而引起的。所以，教师要想方设法给后进生提神，改变教学方式和学生的学习方式，如以游戏组织教学、用幽默调节教学……当唤起了学生尤其是后进生学习的积极性之后，他们的注意力自然会集中，注意力集中了，学习效果自然会好！

多管齐下，消除后进生记忆的障碍

丘吉尔童年时因口吃被认为迟钝而备受冷落，为了引起老师和同学的注意，他刻苦背诵句法、词汇，积极参加演讲练习，最终他成功了，他能讲得妙语连珠，备受众人瞩目。他掌握的英语词汇被誉为世界之最。美国《科学》杂志曾报道，一位中等智力的大学生经过一年多近230个小时的训练，可以从一次学习只能记住7位随机数字，发展到一次学习能记住78位随机数字，其记忆能力和世界顶尖的记忆专家差不多。可见记忆能力是可以训练的。

好记性是学好知识的一项重要能力。一位留学生的英语水平很高，听、说、读、写总是准确无误，令美国教授不禁怀疑他的论文是抄袭的。于是，他在教授的亲自监督下重新写，其遣词造句仍无可指摘，教授惊奇地问他在哪里学的英语如此扎实，他说，是因为他熟练背会了大学英语课本中的所有课文。可见，总结、背文章，是学习英语的好途径。

然而，后进生记忆力普遍较差，分析其原因主要有两个方面：一是不肯记，二是不会记。特别是文科，后进生更是害怕背记。那么，教师该如何帮助后进生产生记忆兴趣和提高记忆能力呢？下面以英语学习为例具体谈一谈。

一是帮助后进生树立记忆单词的信心。首先，要使后进生有积极的心态。有的后进生认为自己记忆力差，因而情绪低落，态度消极，这对记忆单词只能起阻碍作用；其次，要让后进生体验到成功的快乐，一次记忆单词七个以下为好，视情况还可以适当减少。

二是培养后进生记忆单词的兴趣。在记忆单词的过程中，兴趣具有决定性作用。因为有了兴趣，后进生就能集中注意力，乐记单词。引导后进生乐记单词的方法：（1）采用直观教学手段。教师通过实物、图片、表格、幻灯片、简笔画等，创设情境，把单词视觉化，这样后进生不仅能学得快，记得牢，而且能减少母语的干扰；（2）借助游戏记忆单词。常玩的游戏有打电话、猜谜语、拍皮球、唱歌等。如教 umbrella 一词时，采用“打电话”的方式，让后进生把这个单词口头往下传，他们唯恐传错，注意力都会高度集中。

案 例

一位英语教师发现一位后进生怎么也记不住星期一至星期日的单词，就让他看了一则《趣解一周》的笑话：一周七天英语怎么说——星期一“忙 day”，星期二“求死 day”，星期三“未死 day”，星期四“受死 day”，星期五“福来 day”，星期六“洒脱 day”，星期天“伤 day”。

这样中英混搭，其中文意思道出了一个人一星期中的情绪波动，且中文读音恰好与英文单词的前缀读音大致吻合。后进生哈哈大笑之后，很快便记住了这七个英语单词的读音。

三是对比分类，展开联想。单词的巩固有赖于一个词与另一个词的联系。我们可以把意义相近或相对的词，如 tall－high、enemy－friend；发音相同但拼写和意义不同的词，如 see－sea；拼写相同但发音和意义不同的词，如 tear（眼泪）－tear（撕）；拼写和发音相似但意义不同的词，如 quite－quiet；同根词，如 sleep－sleepy－asleep，进行对比分类，使后进生展开联想，记忆单词。对有些后进生不太感兴趣的词，可借助想象激发其兴趣。

四是适时讲解构词法的知识。所谓适时，就是对于一些构词法知识不一定非要等到高一教材做归纳时再集中讲，教师可根据实际情况分散讲。如讲 unfair 一词时，可告诉后进生 unfair 是一个派生词，前缀“un-”表“否定”意义。一些常用的前缀和后缀要后进生牢记，如前缀 re-、mis-、tele-，后缀-able、-less、-ful 等，牢记这些，不仅有利于后进生记忆单词，而且可帮助后进生扩大词汇量，使其能举一反三。

五是早读时间多朗读。美国俄亥俄大学心理学实验表明，学习外语时，读出声的单词在脑中易于留存较深的印象。朗读的记忆能力比默念的强，所以后进生学习单词，最好是大声朗读，并且有节奏地读，可以帮助记忆。语文学习也是如此，经常背诵经典，学生的记忆力将获得明显提高。

六是同学之间互帮互学。记忆单词的方式多种多样，各人记忆的方法也不尽相同，教师不妨让学生进行单词记忆方法的交流。如 a.m 和 p.m 是较易混淆的两个词，有位学生介绍他是按字母表顺序记的，a 在前表示上午，p 在后表示下午，这也可以帮助后进生记忆。

上面介绍的一些记忆方法，有的也适用于其他文科学习，有的甚至还适用于理科学习。当然，理科学习有它的特殊性。关于理科知识，我们该如何帮助后进生记忆呢？下面以数学学习为例具体谈一谈。

在运算律学习中，学生特别是后进生对乘法分配律普遍感到难记。究其原因，是学生对乘法分配律的意义及形式理解不够充分。因此，教师在教学中应该做到以下两点，以帮助学生理解并记忆。

一是强化乘法分配律的内在意义，让后进生有联系地记忆。乘法分配律不只是为简算而存在，它还有着广泛的生活意义。当后进生知道了其生活意义，学习起来也就会觉得有意义了。所以，第一课时导入时，教师不妨让知识回归生活：(1) 一套服装，上衣 58 元，裤子 42 元，买这样 3 套服装应付多少钱？(2) 两车同时从两地相对开出，4 小时后相遇。甲车每小时行 70 千米，乙车每小时行 50 千米，两地相距多少千米？(3) 铺地砖，左面每排铺 6 块，铺 9 排；右面每排铺 4 块，铺 9 排。一共铺多少块地砖？……熟悉的生活，熟悉的旧知，能让后进生感到新知不“新”。

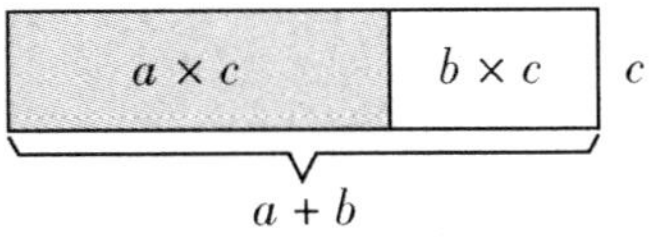

图 1

当然，有意义的教学不能止步于揭示乘法分配律的生活意义，还应该揭示乘法分配律的数学意义，这是知识的根本。首先，我们可以采用数形结合的方式，帮助后进生形象地理解乘法分配律。我们可以借助长方形周长的两种计算方法“$(a+b)\times c$”与“$a\times c+b\times c$”，引导后进生推测如此结构的两组算式结果相等。接着，拓展到利用长方形的面积来“画”出乘法分配律（如图 1），这样的图例可以从上述“铺地砖”的生活情境中抽象出来。当然，我们可以先把“铺地砖”抽象成格子图（如图 2），作为乘法分配律从数到形之间的过渡，于是，我们可以进行如下教学铺垫。

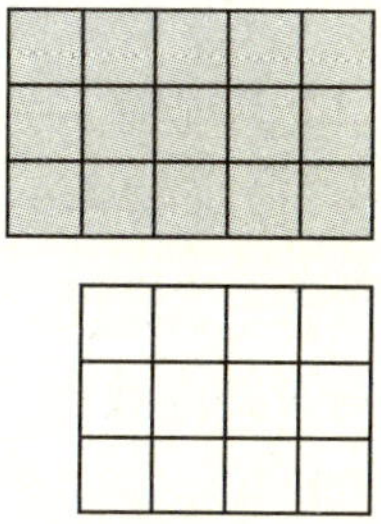
图 2

（1）一排排地出示灰色小正方形，计算总个数，得到算式 5×3。

（2）出示算式 4×3，问：你想到了怎样的画面？一排排地出示白色小正方形。

（3）问：小正方形一共有多少个？引导学生列出综合算式 5×3＋4×3 和（5＋4）×3。针对算式（5＋4）×3，教师动态演示两个图形的合并过程。

然后，把上面的合并图去除格子线，就可以进一步抽象成前述“$(a+b)\times c=a\times c+b\times c$”所表示的长方形面积图。

最后，我们还应该回到知识的源头来理解乘法分配律。顺着上述图形示意，逐步从“几个小正方形”抽象到“几个几”，也就是最终用乘法意义来解释乘法分配律——

$$\begin{array}{ccccc} \underline{(5+4)\times 3} & = & \underline{5\times 3} & + & \underline{4\times 3} \\ (5+4)\text{个}3 & = & 5\text{个}3 & + & 4\text{个}3 \end{array}$$

上述过程至少可以告诉我们三点：（1）让知识“有用”可以帮助后进生记忆；（2）让知识“有理”可以帮助后进生记忆；（3）让知识“有图”可以帮助后进生记忆。

二是强化乘法分配律的外在特征，让后进生有联想地记忆。有意义记忆可以延长知识的保存时间，但也不是一劳永逸的，还取决于后进生是否对知识的外形了然于心，所以，形式上的记忆也很重要，需要后进生做到只要想到乘法分配律，脑中就能够自动跳出它的模型。

然而，单调的背记会让后进生厌烦。对此，有一位教师采用比喻的方式帮助后进生记忆“$(a+b)\times c=a\times c+b\times c$”的形式：$c$ 喜欢交朋友，先与 a 乘一乘，再与 b 乘一乘，最后一起手拉手。

还有一位教师讲得更有意思：c 妈妈有两个儿子，一个是 a，一个是 b，a 和 b 住在一起。后来 a 和 b 长大要分家了，c 妈妈既要拉 a 的手又要拉 b 的手。为什么？因为 c 既是 a 的妈妈又是 b 的妈妈，少拉了一个儿子的手，另外一个儿子会认为妈妈偏心，会伤心的。

这样的比喻虽然不十分科学，但足以达到趣味化辅助记忆的目的。正因为是辅助，所以这样的“幽默一记”应该放在规范化记忆之后。有调查表明，如果在叙述一个概念时，紧接着举一个幽默的例子解释概念，可以帮助学生理解。以幽默的方法介绍知识，特别是介绍一些抽象的数学内容和深奥的数学道理，可以使其通俗化，从而降低知识难度，提高理解效度。

当然，我们还可以抓住乘法分配律中的“分配”两字，帮助后进生记忆和运用：先把“$(a+b)$”分成两部分，然后把 a 和 b 分别配给 c 相乘，最后合起来。我们还可以用最简洁的语句表达乘法分配律的主要含义——“加后乘＝乘后加”。

第28计 随时复习

德国心理学家艾宾浩斯研究发现：遗忘在学习之后立即开始，最初遗忘速度很快，之后逐渐减慢。观察遗忘曲线可知：学得的知识在一天后如不抓紧复习，就只剩下原来的33.7%。有人做过一个实验：两组基础相同的学生学习同一段课文，甲组在学习后不复习，一天后记忆率保持为36%，一周后只剩13%；乙组按艾宾浩斯记忆规律复习，一天后记忆率保持为98%，一周后保持为86%。乙组的记忆率明显高于甲组。

许多后进生记性差，知识遗忘现象普遍较严重，所以教师更应该根据遗忘规律指导后进生及时有效地复习所学知识。不过，那种简单机械的重复背诵和练习只会让后进生生厌，所以针对后进生的知识复习更应该讲究方式方法。这里有九种复习的方式可供参考。

第一种复习的方式叫去干扰。遗忘干扰理论认为，先学习的知识对后学习的知识产生前摄抑制，后学习的知识对先学习的知识产生后摄抑制，从而干扰了知识在大脑中的保持。心理学进一步指出，前后学习的两个课题类似程度越大，相互影响作用越大。这是因为大脑使用的神经细胞比较接近，容易产生疲劳，同时使用的神经回路在空间距离上比较接近，使这种干扰更大，从而降低了复习效果。因此，复习时一般可采用间隔复习法、分散复习法、不同材料轮换复习法等。例如，复习英语单词特别是量比较大时，应尽量在每次复习后适当间隔一段时间再去复习，也可以分多次记忆，减少每次的复习量，从而避免集中复习带来的脑细胞疲劳。又如，语文复习可以与数学复习间隔进行，以避免相同材料造成的抑制作用。

另外，还要加强复习材料中间部分的强化。一般而言，某一学习材料的前边部分和后边部分容易被记住，因为前边部分避免了后摄抑制的影响，后边部分避免了前摄抑制的影响，而中间部分却同时受到两方面影响，所以更容易被忘记。例如，我们在教学生特别是后进生记忆 20 个生字时，复习完所有生字后可以对中间部分的 5～7 个字进行强化记忆，也可以打乱顺序重新记，还可以在整体复习后采取从中间分开的方法，分别从第 10 个字依次往前复习和从第 11 个字依次往后复习。

第二种复习的方式叫打比方。调查表明，在叙述一个概念时，紧接着举一个幽默的例子解释概念可以帮助学生加深理解。这份调查告诉我们，教师教学一个知识后，如果想重复第二遍，帮助学生特别是后进生即时复习以加深印象、巩固知识，那么就不能照旧读一遍或讲一遍，因为相同的语言难以刺激学生。此时教师应该换一种方式，例如打比方就是一种生动形象的方式，能引起后进生的听讲兴趣。

案 例

教学“退位减法”时，像“100－43”这样的题目，对后进生而言是学习的难点。一位教师在揭示计算法则之后，看到一些后进生似懂非懂的神情，决定帮助后进生复习一遍，于是做了这样的比喻：“被减数的个位是穷光蛋，减 3 不够，向‘十叔叔’借，‘十叔叔’也是穷光蛋，可它乐于助人，向‘百伯伯’借，‘百伯伯’借给‘十叔叔’100，‘十叔叔’便把 100 换成 10 个十，自己留了 9 个十，拿出 1 个十借给个位，个位就用借来的 10 减 3……”

第三种复习的方式叫唱歌谣。实验表明，通过播放视听材料，学生对其中内容记得最深刻。由此可以看出，学生喜欢富有趣味性的复习。故而，教师不妨把一些知识编成歌谣帮助学生特别是后进生随时复习，这比重复背诵和抄写要有意思得多。例如，一位教师在教学“0 的运算特点”之后，编了一首儿歌：“零蛋零蛋是笨蛋，与谁相加都滚蛋；零蛋零蛋是炸弹，与谁乘除都完蛋。”课后，连后进生们都在嘻嘻哈哈吟唱着。

第四种复习的方式叫搞设计。在教学中，教师都比较重视板书，一旦板书又总想要面面俱到，以使学生一目了然。如此一来，总结时学生往往习惯照“板”宣读，缺乏思维含量。其实，板书也可以交由学生特别是后进生设计，使之具有复习的功能。例如，一位教师教学“圆的认识”时，板书故意写得杂乱无章。课末，教师要求后进生在同学的帮助下根据讲课内容帮老师设计板书。又如，一位教师教学“角的度量”后，布置了这样的作业：设计一份量角器的使用说明书。同理，教学“圆的认识”一课后也可以让后进生设计一份圆规的使用说明书，并说明使用方法和使用原理。实际上这些都是对知识的复习，能充分调动后进生复习的兴趣。

第五种复习的方式叫补教材。在课堂上，经常会出现一些教材中没有的内容，有些是教师补充的，有些是学生生成的。一节课结束，教师可以要求学生特别是后进生把课堂中看到、听到、说过、做过而教材中没有的内容加以整理，补充在教材中。这也是把教材读厚的过程。

第六种复习的方式叫看视频。“通过播放视听材料，学生对相关内容记得最深刻。”这说明动态的演示比静态的背记更能让后进生记忆深刻。

案 例

一位教师教学勾股定理后，第二节课复习时播放了用注水实验法验证勾股定理的视频，第三节课复习时播放了利用图形的转换验证勾股定理的视频。至此，后进生领略到了知识的奇妙。

第七种复习的方式叫画图示。在教学中，知识在不断发展，内容在不断丰富，教师不妨让学生特别是后进生随时把所学的知识画出来——画成一棵知识树，也就是教到哪画到哪复习到哪，不必等到单元结束后再复习。这样的随时复习有助于后进生及时构建知识体系，实现有结构地记忆。我们可以让学生把作品贴在教室墙壁上进行展示与交流，相互评点和借鉴。例如，学习“多边形的面积”时，学生根据教材编排，逐步画出了如下结构图（如图 1，见下页），在此基础上，一位教师巧妙地把它逆时针旋转 90°使其变成了一棵“树”（如图 2，见下页），并引导学生进行这样的观察：从下往上看，看到知识的生长，从上往下看，看到知识的转化。

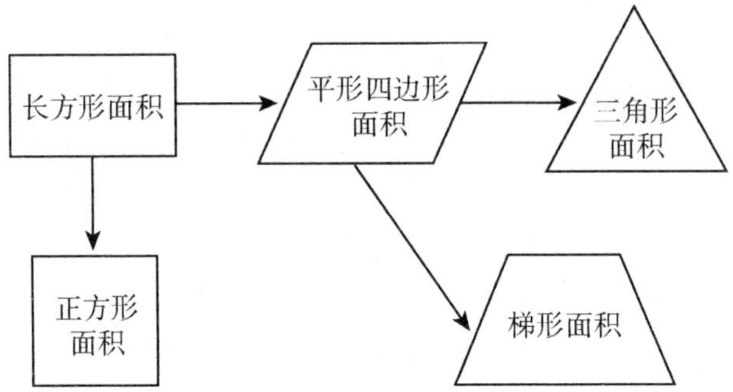

图 1

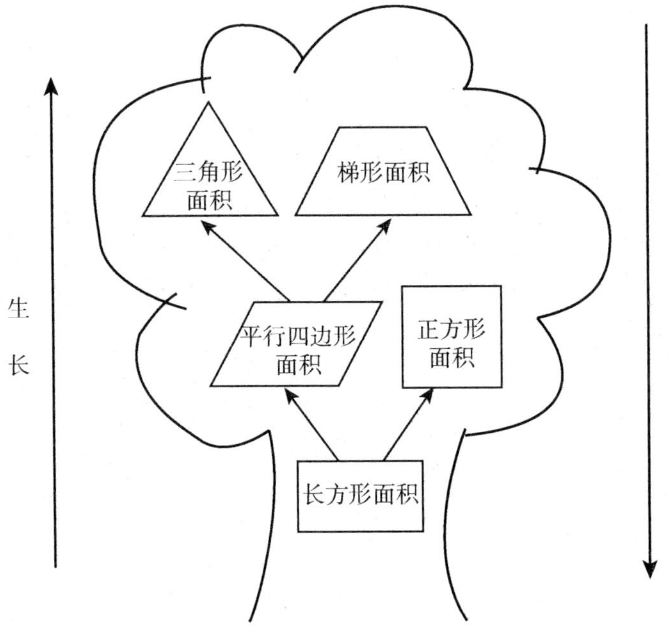

图 2

第八种复习的方式叫编书报。教师可以引导学生特别是后进生编写《十万个有什么》《十万个为什么》，例如，教学“平行四边形的面积”后，可以让他们编写“推导平行四边形面积计算公式有什么方法”“推导平行四边形面积计算公式时为什么要沿着高剪”等，除此之外，还可以编写手抄报，让学生或摘抄，或汇编，或创作。

案 例

教学“循环小数”后，有些学生编写的手抄报中包含了本节知识框架图、练习题、注意点等内容，有些学生编写的手抄报中引用了昼夜交替的循环、四季更替的循环、“老和尚讲故事”的语句循环、音乐中音调节奏的循环等其他学科知识，还有一名学生把循环节上的循环点比作戴帽子，编写了一则有趣的童话故事……真是五花八门、丰富多彩。

第九种复习的方式叫打擂台。记得我在小学任教数学时，曾开展了“每日一题”打擂台活动。具体做法是每日设计两道题目，其中一题专门针对后进生，另外一题专门针对学优生和中等生。针对后进生的题目大多是前一节课或前几节课的旧知复习题或他们经常出现的错题，而针对学优生和中等生的题目大多是一些有难度的思考题。每天早自习时利用五分钟时间出示题目，学生抢做，学优生和中等生专做思考题，而后进生既可以做复习题，也可以试做思考题。对两大阵营中的前 10 名，给予大课间跟老师打乒乓球的奖励。在平时布置给学生的作业中，我也会注意不同时间、不同形式、不同领域的习题的搭配。

之所以要注意不同时间的习题的搭配，是因为有计划地循环复习可以增加记忆保持量。我们可以指导学生特别是后进生通过自身实验来测试适合自己循环复习的时间间隔：先背诵一段有意义的学习材料，几个小时后自己在心里想一想。若能背出来就再过几个小时再想一想，在记忆不太确切的时候及时复习并记录下间隔时间。由此，我们便可以知道第二次复习的时间。再过一段时间后再想一想，直到记忆模糊时再次背诵，我们会发现这次可以保持更长的时间不忘。最后我们可以得出，在每个循环节及时进行复习，记忆保持的时间会以不可思议的几何级数增长。掌握了每次复习的最佳时间，后进生便可以避免盲目复习，使自己的学习时间和精力得到合理的利用。

第29计 以少胜多

知识的留底与留白，留住后进生的学

南宋画家马远，画山，不画全山，常画山之一角，画水，亦不画全水，常画水之一涯，所以人称“马一角”。其代表作《寒江独钓图》，仅画了一叶扁舟漂浮水面，一个渔翁独坐船头垂钓，四周除了淡淡的几条波纹，几乎全为空白。这却给欣赏者提供了驰骋想象的广阔天地，使人强烈地感受到江的空旷、人的“独”，进而对渔翁那种全神贯注于一线的神态产生极其深刻的印象。真可谓计白当黑，以少胜多。

在学习中，后进生最怕记东西，所以我们要帮助他们寻找一条以少胜多的途径，减轻他们的记忆负担。下面我们以数学教学为例进行介绍。

在数学教学中，教师应突出知识的生长过程，不再是塞给后进生“一个个”知识碎片，而是给后进生相互联系的“一批”和“一类”的整体，从而使后进生能够举一反三，构建比较完善的知识结构，达到以少胜多的效果。这种方式有以下三个优势。

一是帮助后进生抓住知识的生长原理。数学知识的生长背景常常源于解决生活问题，当后进生知道了数学知识的来源，对知识的缘起、产生、发展、争端直至逐步成熟的各个历程有所了解后，对知识的理解也将更为透彻。

例如，时间的单位是“时”，角的度量单位是“度”，从表面上看，它们似乎没有任何关系。然而，它们都可以分成“分”“秒”等名称相同的小单位，这只是巧合吗？另外，它们都用六十进位制，这又是巧合吗？

如果我们追溯知识原理，就会发现它们都源于地球的自转。地球的自转涉及时间和角度，在生活中的应用就是历法。因为历法需要的精确度较高，于是它们不约而同地产生了“分”“秒”等名称相同的小单位。至于它们都用六十进位制（严格地说是六十退位制），是为了能够更好地解决生活问题，因为“在 100 以内，60 是因数最多的自然数之一”，如遇到$\frac{1}{3}$时，换算的结果就不会出现无限小数。后进生知道了这一知识原理，也就知道了时间和角度本是“同根生”。当知识得到贯通并被纳入同一体系之后，后进生也就减轻了记忆负担。

又如，教师可以帮助后进生把原本需要一个个记忆的长度单位和货币单位整合成一个知识块，让他们明白它们其实也是“一回事”：“米、分米、厘米、毫米”与“元、角、分”有着相同的结构关系，相邻单位之间的进率都是 10。长度单位和货币单位虽然算不上“至亲”，但它们可以算是“近亲”，都是计量单位。如果我们看得再远一些，走出“直系血亲”——几何领域，观察“旁系血亲”——数的领域，也会发现计数单位也是十进制，与计量单位有着类似的进率关系。如此“拉关系”，就能把不同领域的知识融会贯通了。

甚至，知识之间的这种关系还可以跨学科。例如，词语“忽然”和成语“丝毫不差”中的“忽”“丝”“毫”其实都是计量单位。在古代，比分、厘小的计量单位依次是毫、丝、忽。如此一来，学生在学习语文的同时也学习了数学，原本分属语、数两个不同学科的知识就能巧妙地合在一起记忆了。

二是帮助后进生抓住知识的生长基因。知识的生长同样有着“遗传因子”，它是知识的生长点。我们只有找到知识的生长基因，才能正确地将知识表达出来。

例如，分数知识是后进生学习的难点，后进生对其常常只能达到“知”的程度，而达不到“识”的境界，面对“分母”“分子”“分数单位”“真分数”“假分数”“带分数”等新名词时感觉记忆困难。对此，如果教师能让后进生明白“整数是分母为 1 的分数”“小数是分母为 10 的分数”，那么后进生就能发现整数和小数之中有着分数的影子，就能将知识融会贯通。之后，教师再让后进生明白分数单位与整数单位、小数单位同属计数单位，它们有着相同的“遗传因子”，此时再学习假分数后进生就不会感觉突兀了，因为它们也可以像整数、小数那样被看作分数单位这个“基本遗传单位”n 次叠加而成的结果表达。

又如，分数基本性质和比的基本性质的“遗传因子”是商不变的规律。商不变的规律之所以被称为“规律”，而分数基本性质和比的基本性质只能被称为“性质”，是因为这些性质可以由规律推导出来，后进生记住了商不变的规律也就记住了分数的基本性质和比的基本性质。

三是帮助后进生抓住知识的生长脉络。教师可以帮助后进生看到知识的生长图式，从一个知识点出发，依照一定的逻辑关系，生长出另外一个个知识点，由此形成知识网络。之后，知识的回忆和检索也就能够按图索骥了。

例如，平面图形面积计算公式的推导这一内容，按照教材，它们的关系如下图，平行四边形的面积计算公式是“树根”。

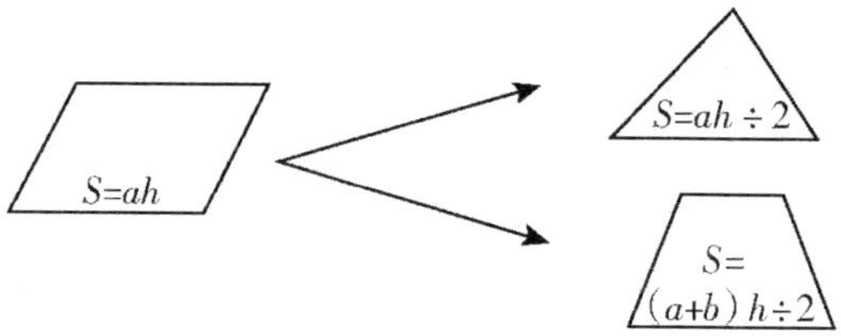

如果把梯形的面积计算公式看作“树根”，知识树又可以长成下图这个样子，只需要记住梯形的面积计算公式，就能获得平行四边形和三角形的面积计算公式。

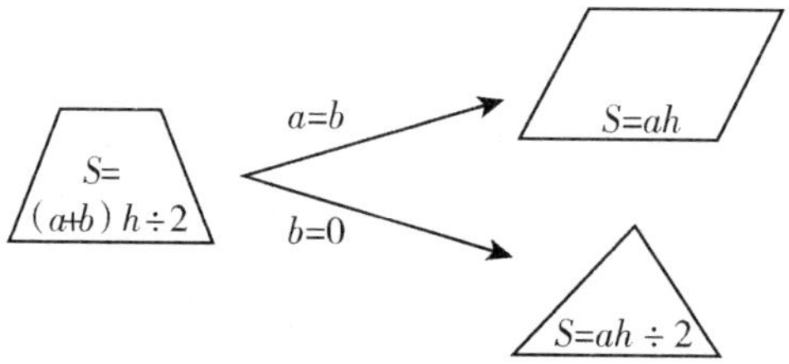

如果梯形的面积计算公式这个知识点继续生长，还能伸展到另一个“知识区”，可以变异为圆环面积的计算公式，还可以变异为代数领域等差

数列的求和方法，还可以变异为生活领域钢管堆积数的计算方法。如此“举”一反三，也能够让后进生实现“记”一反三。

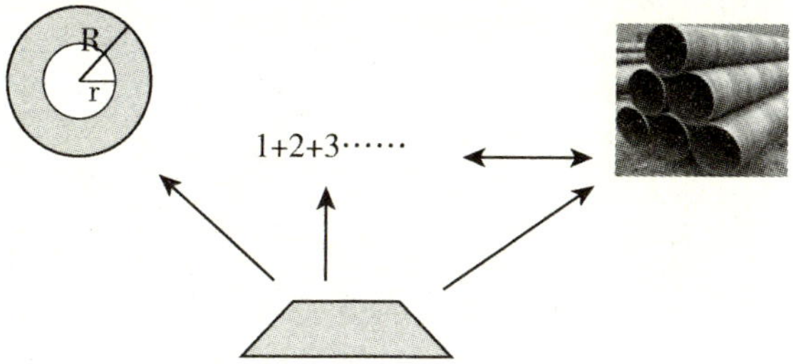

“以少胜多”的教育计策还表现为“留白”的教育艺术，这种计策能给后进生更多的自主空间，其理可从下面“为孩子做事只做一半”来说明。

案例

一个孩子双脚沾满泥浆，从外面回来。妈妈在为孩子换鞋袜时，只给孩子穿上一只鞋、一只袜子后就走开了。原来，这是这位妈妈创造的家庭劳动教育法——不管做什么事情，只为孩子做一半，另一半则由孩子独立完成。譬如，鞋脏了，就教孩子擦一只鞋，另一只鞋让他自己动手擦干净；洗手时，只给他洗一只手，另一只手让他自己去洗。这样，可以激励孩子为了两只鞋、两只手一样干净而自己做好另一半。

这种只做一半的教育方法与“授人以鱼，不如授人以渔”有着异曲同工之妙，可以产生以少胜多的教育效果。在教学中，教师少做一点儿，就能让学生多做一点儿。后进生的培养很多时候就需要教师少做一点儿，而不是像许多教师所认为的那样为后进生多做一点儿。

我曾带过一个五年级的班级，班上有个学生叫陆张林。课上陆张林发言积极，正确率也比较高，但在写作业时，速度较慢，正确率也不高。我后来才明白：我课上分析例题时是一步一步讲的，他学得很轻松，而一旦独立作业，他就不会分析了。于是，我一改“保姆”式的教法，在呈现新知前不急于讲解，而是采用“留白”艺术，放手让学生去尝试，去“折腾”。在这样的自主学习过程中，学生们慢慢学会了寻找知识入口的方法，陆张林的作业速度与质量也都有所提高。由此可见，要让后进生有学习的后劲，有时候教师不能太用劲。

在教学中，运用“只做一半”这一计策还表现为教师“只说一半”或“只写一半”，促使后进生去想另一半。例如，我在出示例题尤其是应用题的时候，并不是一气呵成，而是写一二个条件就暂停，让后进生说一说都想到了什么，让他们猜想接下去会写什么。这样不仅可以培养后进生的联想能力，还可以让猜中的后进生体会到成功的快乐。

案例

教学“比的应用题”时，我没有一下子出示例题，而是先板书“一个长方形，长与宽的比是3∶2”，问学生可以想到什么。许多后进生从份数的角度想，而一些学优生则能够从分数的角度想。然后，我让学生猜测我接下来会写什么，学生大多推断我会写长或宽是多少，我顺势板书“如果这个长方形的长是45厘米”，然后要求学生补充问题，学生纷纷提出“求宽”“求周长”“求面积”等问题，最后我选择其中一个问题作为例题进行教学，其余问题则作为练习题。

教师如此分解例题，其中的“留白”能有效地促使学生特别是后进生主动地学习。

另外，教师还应该多为后进生考虑时间上的“留白”。课堂上，我们常常会遇到这样的情景：当教师提出一个有思考性的问题时，学优生很快就举手，而后进生还在静静思考，有些教师会迫不及待地请学优生回答，其实这便剥夺了后进生的思考权利。所以，教师，等一等后进生吧。

信，实现教师与后进生之间的用心交流

来信的日子，心情总是被幸福和快乐浸透，美丽的文字在眼前绽放，动情的话语在耳边回荡。每每这时，我总会独坐一隅，小心翼翼地剪开信封，一字一句地品读，沉浸在思想和心灵的交流里。幸福就这样被轻轻地从信封里抖搂出来，撒进心灵的土壤。写信的过程是幸福的倾诉和宣泄，写信的过程是情感真实的流露和表白，它有春风化雨的奇效，是润物细无声的天使。

著名美国实业巨子雅科尔提出了一个人事管理的诀窍："表扬一个人，最好用公文；批评一个人，尽量用电话。"表扬用公文，是因为正面的信息要尽量扩大传播范围，知道的人越多越好，扩大它的影响面的同时是对做好事的人的一种肯定；批评用电话，是因为如果当众批评，容易让被批评者感到没有面子、下不了台，由此产生抵触情绪甚至逆反心理。电话交流，彼此看不见对方，可以避免当面批评的尴尬，并且电话交流属于私下交流，可以避免当众批评的尴尬。

当然，写信也是一种很好的方式，甚至效果胜过电话。后进生普遍心理脆弱，承受能力较差，所以比较适合用"鸿雁传书"的交流方式。例如，有一位家长只要和女儿当面谈话，女儿就眼泪汪汪地，弄得家长不忍心再说下去，后来他就改用写信，让女儿在自己房间里看信和回信，从而很好地解决了问题。写信除了可以避免尴尬，还可以给后进生思考的时间和空间，使他们把问题想清楚，也便于他们把一些难以启齿的话诉诸文字。

案 例

为了转化一名后进生，我给全班学生都写了一封表扬信，之后每隔一段时间就写一封。直至学生都认为信中写的都是表扬之词，我开始要求学生拿到信后不必公开，便于老师写一些悄悄话。

当学生习惯独享老师的“密信”后，我才开始针对那名后进生的问题写一些劝告。这次，他默默接受了我的劝告并改正了。然后，我仍然用“密信”的方式帮助他补习功课，他在回信中附上习题的答案、写下学习的困惑。在我们之间的鸿雁传书中他不断进步着……

上述案例中，教师对后进生的教育不露痕迹，不伤面子，成功地转化了后进生。

有位班主任，每临寒暑假，总是给一些平时对教师有成见、缺乏学习信心或表现差的学生写信。我们不难想象，当学生特别是一些后进生意外收到老师的信后，一定惊喜万分。由此，这些学生也许会慢慢消除对老师的成见，也许会重新树立起学习的信心。

教师给学生写信之所以行之有效，主要是因为：第一，它具有“平等性”的特点。通信双方本身就是平等的，尤其是教师给学生写信，更体现了双方的平等关系。平等的关系能使师生的思想更容易沟通，感情更融洽。第二，它具有“针对性”的特点。给谁写信是有选择的，而且信的内容是有目的、有计划地就某个问题进行客观分析，肯定优点，指出不足，晓之以理，动之以情，学生定能从中得到启发，受到教育。第三，它具有“促进性”的特点。信中，教师往往热情地对学生提出希望，并鼓励他们，期待他们改变现状、不断进步，学生看后一定会受到触动。

鸿雁传书，很容易让人想到情书。确实，情书因其有情而容易让读信的人动情。一个后进生收到“情书”，会产生怎样的情感反应呢？

案 例

伟高三时开始和一些社会上的所谓的哥们儿一起泡网吧、玩游戏，常常玩到很晚才回家。第二天上课则无精打采，或干脆趴在桌子上与周公相会，学习成绩一落千丈。

爸妈的打骂、老师的批评、同学的鄙视更让伟无心学习，他开始每天都逃课去上网。直至有一天，伟与那些哥们儿发生矛盾，争吵几句回了学校。伟打开抽屉，发现有一封信，信上写着："飞蛾与光明有个约定，即使烈火焚烧，也无怨无悔。生活是美好的，不是吗？请来上学吧！——一个关心你的人。"

第二天，伟经过一番挣扎还是来了学校，打开抽屉，又是一封粉红色的信："薄雾与太阳有个约定，即使蒸发散去，也在所不惜。学习是迷人的，不是吗？请打开书包，认真学习吧！你能行的！——一个支持你的人。"

第三天，也是一样："露珠与大地有个约定，即使粉身碎骨，也晶莹犹存。我也和你来个约定，一起去考师范院校。——一个信任你的人。"

就这样，每天都有一封信在伟的抽屉里，可伟始终不知道她（他）是谁。他渐渐步入了正轨，学习成绩渐渐提高，模拟考试竟考到了班级第29名，这让伟信心倍增，但她（他）却一直没有现身。

终于，伟以优异的成绩考入了师范院校，却始终没有找到这个关心、支持、信任他的人。

伟，我亲爱的学生，你可知我一直在你身后！

人是需要相互欣赏的，后进生更需要别人的欣赏。这里的别人大多指的是老师和同学，然而还可以是其他异性，特别是一个未曾谋面并且是一直不曾露面的异性。上述案例中，信的神秘加上人的神秘，产生了巨大的力量，催人奋进，这是因为越是神秘的事情越让人感到美好。

除此之外，简单方便的小纸条也能很好地起到情感沟通和信息交流的效果。

一位母亲总是早出晚归，于是就通过留言条和女儿沟通。女儿想对妈妈说什么话，就写下来贴在妈妈卧室的门上；妈妈想提醒女儿什么，同样写下来贴在女儿卧室的门上。事情紧急，用黄色便笺；相互问候，用红色便笺；生活或学习提醒，用绿色便笺。这些便笺既增添了母女之情，又锻炼了孩子的写作能力；既没有干扰相互的作息，又促进了家庭成员的亲密交往。直到女儿上了高中，她们依旧互留纸条，这已成为母女之间的心灵契约。

案 例

我创编了一种写信的小便笺，在字的旁边配上精美的图案。当教室空无一人时，我便悄悄地在一些学生的文具盒里放进一张小便笺，例如："蔡启锋同学，今天你的阅读状态很好！懂得与书为伴的孩子才是最聪明的孩子。祝贺你的进步！"学生回到教室后，我悄悄地观察他们的神情，欣慰地发现学生脸上先是惊讶，而后便洋溢着幸福的笑容，开始向同学传递他们的惊喜与兴奋。

此后，小便笺传递成了学生倾诉的平台，也成了学生的习惯。一次考试后，一位学生写道："老师，这次考试我没有进步，反而退步了。我真伤心。"于是我及时回信鼓励他，并约他到办公室进行学情分析。

除此之外，作业本也可以当"信使"。例如，鼓励学生特别是后进生在作业本的旁边或下面空白部分写上自己的心里话，可以谈谈做题时自己是怎么想的以及由此还想到什么，可以谈谈做题时遇到的困难以及自己是怎么解决的，也可以写一写自己的做后感以及自我评价，还可以向教师提一些疑难问题或提一些意见、建议，甚至可以与教师说说"悄悄话"。教师应该在学生的作业本上及时反馈，当然也可以像下面这则案例中的教师那样专门为学生特别是后进生准备一本"谈心本"。

案 例

"谈心本"，顾名思义，是学生与教师说悄悄话用的。我把"谈心本"发给学生并对学生说："只要你们有话想对老师说，可以课后面谈、打电话，也可以用老师发给你们的'谈心本'。老师有两个承诺：一是你们在'谈心本'上写给老师的悄悄话，老师保证不让第三个人知道；二是对于你们提出的意见、建议，反映的各种问题、现象，老师保证24小时内给予答复。"

这些小家伙还真没"玩"过在纸上跟老师说悄悄话的"游戏"，都有点矜持。后来，征得一位学生的同意，我公开了他与我的一则对话。其他学生一听：“哇，跟老师聊天还可以听故事呢！”于是，各种各样的心里话就都写出来了。因为“谈心本”，我成功地化解了许多潜在的危机，成功地转化了一些后进生。

虽然现在我不再教他们了，但他们还是经常给我写信、打电话，还有一些学生则通过网络与我交流，不过现在的话题已经变为展望人生、睁眼看世界之类的了。

信代表着“我”的心，无论是学生阅读教师的信，还是教师阅读学生的信，文字已经不仅仅是记录的符号，它还透着温暖。读信的人可以轻闻信纸上散发出的淡淡墨香，可以透过文字穿越对方的心房，用信交流其实也就是在用心交流。

第31计 延迟评分

让后进生也能获得一个『好成绩』

《论语·述而》中讲了这样一个故事：互这个地方的人一向难以沟通和交流，但互这个地方的一个童子却受到了孔子的接见。弟子们对孔子的做法大惑不解。孔子说：“应该给他学习、上进的机会，不应该给他后退的机会，你们为何不解？每个人都会为了使自己变得品行高尚而追求上进，我们应该给他这种机会，不要老是停留在过去对人家的印象上。”这个故事告诉我们：不能总是以不变的眼光看人，要给人进步的机会。

100分，是后进生想也不敢想的分数，怎样才有可能让后进生也尝到获得100分的滋味？有一种做法就是延迟评分。

我们可以先从后进生最熟习的作业开始，让后进生能够每天进步一点点。通常情况下，教师对作业的处理方式是“学生做—教师评分—学生订正”。在此过程中，学生关心的往往是老师给多少分，获得高分就洋洋得意，获得低分则闷闷不乐，订正时不认真，因为订正得再好，也不能改变已有的分数。

一位教师对作业处理方式进行了这样的改革：学生做—教师指正—学生订正—获得100分，即学生做后，教师先指出其对错。若是全对则给100分；若是遇到出现许多错误的后进生的作业，则不急着评分，先让后进生自己去订正。教师可以在错题处画“＼”，错字处用“Π”标出，学生订正后教师再把“＼”添上一笔补成“√”、把“Π”封上口补成“□”。若订正后还有错，则再订正。什么时候全都订正过来了，什么时候就批上那红红的“100分”。虽然有些后进生往往需要订正三四遍，但是，当他们和其他学生一样获得100分时，也同样会很兴奋。在这个过程中，他们感受到了订正的作用，体会到了“知错就改”的快乐，也感受到了努力付出的乐趣。更重要的是，通过这种方式他们重新认识了自我——我并不比别人笨，别人能做到的，我通过努力同样能做到。这样一来，后进生订正作业会更主动、更有积极性，因为，他们都盼望着早点得到那个红红的“100分”。

作业可以如此，考试能否如此呢？我们不妨试一试。

案例

一位后进生期中考试只得了58分，试卷发下来后，他将分数掩盖起来，低头不语。当我告诉他这不是他的最终成绩，我可以给他加上订正的得分时，他惊喜万分，兴奋地拿起笔，一会儿翻书查找，一会儿请教身边的同学，一向胆小的他甚至还举手问我。结果，在订正中他得到了34分，卷面上的成绩便成了58＋34＝92（分）。

高明的教师会千方百计为后进生搭建通往成功的平台，在这条进步之路上，100分如同一个不断召唤的目标，可以激起那些曾经自卑的后进生的自信。

苏霍姆林斯基说：“不应当把知识的评定作为某种孤立的东西从教育过程中分离出来。只有当教师和儿童之间的关系建立在互相信任和怀有好意的基础上时，评分才能成为促进学生进行积极的脑力劳动的刺激物。”的确，教师在评分的同时，更应注入对学生的信任、尊重和希望，让冰冷的分数也“多情”起来。

还有一位教师发明了带附加值的分数，让学生特别是后进生不仅看到了老师对他们的信任，还看到了希望以及努力的方向。

案例

一次写话训练，一个后进生只写了50多个字，而且字迹潦草，错别字较多，但是文章的内容还算新颖。按惯例，这样的作文只能得60分，怎么办？我灵机一动，给他打了这样一个分数“95－20－15”，并在每个分数下面分别做了解释：95 分——内容新颖，有创意；减 20 分——内容不太具体；减 15 分——书写太潦草，还有错别字。

除了改革评分方式，我们还可以改革批阅方式，双管齐下让后进生的学习有后劲。传统的评阅方法既耗费教师大量的时间和精力，又会出现"高分学生不愿听，低分学生听不进"的现象。

一位教师发明了开放式阅卷，变教师阅卷为学生自己阅卷，变阅后集体评讲为个别辅导，从而消除了传统评阅方法的弊端。主要操作过程如下：(1) 教师做题。在考试结束前，教师将标准答案和评分标准贴于教室外墙。(2) 学生自评。考试结束后，学生暂不交卷，而是根据标准答案用红笔在错题旁打"×"，同时写出错误原因。通过仔细核对、与同学交流等途径仍找不出原因或确实不理解的，就在"×"的旁边打上"?"。然后自估成绩，将试卷交给老师。(3) 个别辅导。教师根据"?"及时进行个别辅导。(4) 布置作业。当天家庭作业为订正试卷中做错的题目。(5) 补充评分。次日，教师根据学生订正的情况为学生在试卷上加分。

开放式阅卷对后进生的学习有以下几点好处：一是有利于及时反馈信息。及时的信息反馈与矫正，是提高教学效率、保证教学质量的关键。学生考试完毕，脑子处于极度兴奋状态，他们想及时知道所解答的题目是否正确，后进生更是如此。二是有利于进行差异性辅导。对于因粗心做错的题目或较易的题目让学生自己订正，稍难的题目由同学帮忙，较难的题目由教师辅导。整个过程中，教师能有足够的时间用在帮助后进生上。

为了能让学生获得一个"好成绩"，教师还可以实施"重考"计策，如果后进生考试成绩不理想可以申请重考。重考又分为即时重考和延时重考两种。即时重考一般是针对单元测试的，试卷与第一次考试的相同，重点在于促进后进生及时掌握所学知识；延时重考一般是针对期末考试的，试卷是两套平行的 A、B 卷，如果期末测试的是 A 卷，那么重考则用 B 卷，最后选择较理想的一次作为最终成绩。

一位后进生这样评价重考："这一次考试没有考好，如果让爸爸知道了，我晚上又要被'严刑拷打'了，我很害怕。我知道我平时学习不认真，可我就是管不住自己。今天上午老师对我说可以重考，我一下子高兴得跳了起来，太感谢老师了，我一定要好好复习，考个100分回家。”

有些后进生考试时会看错数字、理解错题意，许多教师会责怪他们粗心。然而，我们应该知道，后进生的有些粗心并非真的是粗心，可能是加工信息的方式存在个体差异。有的学生擅长使用思维功能，在遇到与情感有关的知识时就会表现出“粗线条”，而擅长使用情感功能的学生，在遇到与概念有关的知识时则会表现得“没头脑”。因此，教师应该给粗心的后进生更多的时间和机会。

另外，我们应该在给后进生加分的途径上“广开财源”，不能仅仅局限在学科上，还可以像下面这则案例中的教师那样通过其他方面、其他方式给后进生加分，最终作用于学科学习上。

案例

武汉市光谷第二小学从四至六年级每个班级中分别选出两名学习成绩较差和一名学习成绩较好的学生组建成“领航班”，并聘请“光谷博士志愿辅导团”的成员作为校外辅导员，通过周末开展户外活动、讲座等，拓展学生的视野，激发学生的学习兴趣。

“领航班”的学生如果日常表现出色或者学习成绩进步较快，所在班级的班主任就会给他发放一张“珍宝卡”，每学期积满10张“珍宝卡”的学生就可以在期末考试时任选一科加10分，并获得到喜爱的老师家中共进晚餐的机会。

该校语文老师黄辰说，自己去年带毕业班时，班里有一名语文考试总在及格线徘徊的学生，自从加入“领航班”后，该学生学习积极性和作业速度都提高了不少，毕业考试时语文竟考了85分。“去年我们小规模尝试开设‘领航班’，取得了非常明显的效果，所以今年把‘领航班’的招生范围覆盖到了更多的年级。”该校大队辅导员李璐说。

《基础教育课程改革纲要（试行）》明确指出：“评价不仅要关注学生的学业成绩，而且要发现和发展学生多方面的潜能，了解学生发展中的需求，帮助学生认识自我，建立自信。发挥评价的教育功能，促进学生在原有水平上的发展。”“二次评价”是相对于传统“一锤定音”的评分方法提出的一个崭新命题，是依据差异理论和发展原理，紧紧围绕学生个体化的发展性目标，通过增加反馈频率，激发短时效应，不断收集学生发展过程中的信息，并根据学生的具体情况，判断学生的优势和不足，提出具体的、有针对性的改进建议，从而优化学生学习的过程和方法，提高学生的学习效率，促使学生能力增值所采取的延迟性评价或重新评价的评价策略。“二次评价”也可称之为“延迟评价”。

第32计 反弹琵琶

宋代画院曾举行过一次绘画大赛，画题是“踏花归来马蹄香”。众画工挥毫泼墨，各显其能。有的画了许多花瓣，在“花”字上下功夫；有的画了一个跃马扬鞭者，在“马”字上打主意；有的画了一只马蹄，在“蹄”字上做文章……最后夺魁的却是这样一幅画：画家不从“花”“马”“蹄”落笔，而运用逆向思维，画了几只蝴蝶绕着马蹄翩翩起舞。这一神来之笔，轻易地就把香味画出来了，令主考官拍案叫绝。

一个植物园入口处有一块告示牌：“凡检举偷盗花木者，赏金30元。”有人问管理人员：“为什么不按通常的习惯，写成‘凡偷盗花木者，罚款30元’呢?”管理员答道：“要是那样，就只能靠我的一双眼睛盯着了。而现在，可能有几百双眼睛在盯着那些偷盗花木的人。”那块告示牌确实起到了很大的作用：偷盗花木的事情鲜有发生，植物园的开支也并未因此增加——偷盗者少，自然少有人领到奖金了。我们不能不为这位管理员的反向思维叫好，把“罚款”变成“赏金”，就把“一双眼睛盯着”变成“几百双眼睛盯着”，取得了比原来更好的管理效果。

很多教师喜欢沿袭前人或前期的做法，主要是因为这样的常规做法比较成熟，有一套比较稳定的操作程序，用起来省事省心，而且不必冒风险。然而，一成不变的东西很容易缺乏活性，面对老方法、死方法，教育往往会缺乏活力。

我们都知道，变则通。方法的改变，特别是“反其道而行之”，会给学生带来全新的感受。著名主持人白岩松在儿子中考前，为了减轻儿子考试的心理压力，故意对儿子说：“你要是考上北京最好的高中，我跟你急，你要是考第一名，我就跟你断绝父子关系。”这种轻松幽默的、似乎对考好并不在意的态度反而激励了孩子，结果孩子考得很好。

物理学家奈尔斯·鲍尔相信，假如你将物质的对立面放在一起来思考，那么你的思维运动就可以上升到一个新的高度。确实，对学生的教育，特别是对后进生的教育，有时候“将对立面放在一起来思考”，反而能产生正面教育所没有的效果。例如，在教育规定中有着诸多“不能”，针对后进生的一些不良行为习惯，我们更是会用种种“不能”来给予告诫，以使他明白应该做什么，但效果往往不太理想。但有时候，我们反其道而行之，从“不能”的对立面“能”入手，或许就能不露痕迹地将学生引向你所期望的方向，这种一反常态的做法，更容易被后进生接受，从而让他们的学习更有后劲。

案例

陈亮的作业本上，字迹歪歪扭扭，涂改较多，看上去很乱。我意识到，必须帮助他改变这种不好的作业习惯。

我让陈亮翻看课代表的作业，并比较一下课代表的作业本与自己的作业本的不同。陈亮迟疑了好一会儿，才动手翻看。“老师，我不知道怎样写工整，写漂亮。”他停下来，低着头说。

“不要紧，你可以先试着抄抄课代表的作业，看她怎么写。”听我这么一说，他一脸惊讶。

“抄作业也是一种学习过程。抄三次吧，课代表写完作业后，你拿来在办公室抄，不要让其他同学知道。”我认真地说，他俩都点点头。

这之后，陈亮的作业果真比以前有了改观。

一天自习课，我走进教室转到陈亮身边时，发现他在快速地移动作业本。我抽出压在他作业本下面的本子，是另一位同学的作业本。原来，他在抄别人的作业。

我把他叫到了办公室。

“为什么还在抄别人的作业呢？”我有点生气地问道。

“有道题我不会做。”他低声回答。

“不会做就抄别人的？”我厉声责备。

“我不想欠交作业。”这时，我看到他的眼眶红了。

“他想上进，我要好好引导他。”我在心里想。

“你能要求自己不欠交作业，做得很好！可你要知道做作业的目的是什么。总不是为了不欠交作业吧？”他听了，不好意思地笑了笑。

“其实，抄作业也是有讲究的！”我不紧不慢地说道，“遇到自己不会做的题，可以先问问其他同学，看他们说得是否有道理，做得是否对，不要盲目抄别人的，要学会按自己的理解与思路去写，使之变成自己的知识。实在做不出来的题目，如果要抄别人的，可以用其他颜色的笔写，以示区别，让老师了解你对新知识的掌握情况。其实，对于自己不会做的题目，可以抄了题空在那儿，待老师讲解后再补写，这也是一种诚实的表现。不会做或做错了，没有错；盲目抄他人的作业，就不对！”有了我的宽容，陈亮开心地笑了。之后，我发现他上课更用心了，作业做得更认真了。

在心理学中，人们把“对原本要批评的过错不是给予直接批评，而是充分肯定或表扬犯错者的长处，使犯错者自我反省，进而认识过错，改正过错”的现象称为“反弹琵琶效应”。按正常的教育规定，学生是不可以抄袭别人的作业的。上述案例中，教师反其道而行之，对于这种行为不仅没有给予直接批评，相反还“支持”，在“违反教育规定”中让后进生感受到了教师对自己的宽容，感受到了教师对自己的关注，于是对教师言听计从，从抄好别人的作业慢慢过渡到做好自己的作业。可以说，教师对后进生的这条教育之路虽然是“反着走”的，但获得了“正着走”达不到的效果。

教育是一种艺术，也许教师很多时候面对后进生的某些状况时会觉得无能为力。其实想一想：上帝在关上一扇门的时候，一定打开了一扇窗。走到事情的另一面看看，或许就会看到另一番风景。如果什么事情都循规蹈矩，按部就班，尽在学生的预料之中，有时效果不一定好，反其道而行之也许会有另一番天空。

如一位教师发现班级的卫生角变成了“垃圾堆”，他没有在班级大谈“爱护班级环境”的道理，而是反其道而行，直接拆除了卫生角，提出了“没有卫生角，也是无纸班”的口号。环境改变了，学生的行为也跟着改变了。没有了卫生角，没处丢果皮、纸屑，学生就自备“保洁袋”，放学时主动拿出去扔在垃圾箱中，班级卫生比以前好了很多。

后进生听得最多的是批评，所以他们对批评已经有了免疫力，批评只会让他们更加自暴自弃，越来越后进。对此，我们不妨采用反弹琵琶的教育计策，对后进生的一些错误可以不用批评，反而加以表扬，以扬代抑。通过表扬其优点、成绩或与其错误相对立的优点来达到批评的目的，让犯错误者自我反省，自我完善，最终克服缺点。

案 例

邓夏飞、马俊两名学生的自制能力较差，班主任准备将其座位调至前排以便于加强督促，可他们都非常不愿意换座位。为了达到预期的目的，班主任在班上做了如下讲话：“同学们，邓夏飞、马俊两位同学想主动靠近老师，做老师的朋友，大家赞不赞成？”一番喝彩后，班主任继续说：“他俩为了克服上课爱走神的毛病，要求坐到讲桌边上来，请大家为他们的进步鼓掌！”事后两名学生很感动，不仅主动换了座位，而且各方面都有了进步。

上述案例中，两位后进生知道教师将其座位调至前排有提醒、告诫的意味，如果教师直白说明意图，就有可能引发其反感。尤其是在他们不情愿换座位的情况下，如果强制命令则有可能引发矛盾。而以扬代抑不仅使他们愉快地接受了安排，而且使他们深受触动，效果显然比直接批评要好得多。

教学有法，教无定法，贵在得法。在教育教学中，特别是在后进生的转化中，当我们用平常的想法和做法已经不能取得理想的效果时，我们不妨反过来想一想，反过来做，或许能到达成功的彼岸。平常的思维，只能让我们成为平常的人；不平常的思维，才能让我们做出不平常的事，进而成为不平常的人。

敢于泄密，为后进生打开『进步门』

公元394年，后燕王慕容垂准备进攻西燕，但在主攻方向布兵后按兵不动，并将本属于军事机密的行动故意泄露出去。西燕王慕容永得知敌军压境，忙调兵遣将准备应战，不料一个多月后，仍不见后燕军行动。西燕以为后燕要声东击西，从西燕较为薄弱的南面进攻（后燕未在此方向布兵），于是马上将主力南调。当西燕主力南调后，慕容垂马上进攻，西燕回师应战已晚，遭到惨败。

后进生大多害怕考试，他们感觉考试如同“拷”试，是一次拷打，他们还感觉考试如同“烤”试，是一次烤炙。那么，如何让后进生不再害怕考试呢？有时候需要教师采用一些非常手段，其中有一种计策是“故意泄密”。

在教学中，有着许许多多“不准”，然而，越是教师禁止的，学生越想偷偷尝试。例如，教师不准学生事先看教材，对学生来说反而变成了一种提醒，使他们有了急切偷看的冲动。

考试时，“不准偷看”是人人都知道的纪律，违反了一定会受到严惩。如果有一天，考试前试卷被你无意中看到了，你会有怎样的心情？接下来会怎么做呢？一位中等生帮老师去办公室拿教案时，发现办公桌上放着隔壁班的数学试卷，于是她悄悄拿了一张。回到家，她迫不及待地把试卷做了一遍，不会的题就照着书上的例题一点点地想。她原本只想考好一点儿，没想到居然考了全班第一。同学们一片哗然，有的赞扬她“真人不露相”，也有的对她持怀疑态度。事情的发展由不得她了，她只能主动让父母请家教，自己也重新调整了学习计划。家教加上自己的努力，第二次考试、第三次考试……她都考得不错，一直没有让老师和同学看出端倪。

那么，作为教师，如果有一天发现学生偷看了试卷，你会有怎样的心情？接下来会怎么做呢？

案 例

一次，一位语文老师在批改试卷时发现一名后进生的成绩非常好，很是惊讶。经过暗查发现，原来考前这名学生放学后因为要锁教室的门，然后再到教师办公室放钥匙，放钥匙时他无意间看到了教师留在办公桌上的样卷，结果就考出了“好成绩”。

知道了原因后，这位教师灵机一动，没有找这名触犯了纪律的后进生谈话，而是经常故意在测验前把试卷“忘”在办公桌上，果然每次测验这名后进生都考得“很好”。

学期末，学校要进行调研考试，试卷是密封的无法泄露，结果这名后进生依然考得不错。原来这名后进生每次偷看试卷后都抓紧复习有关知识，次数多了，就等于对自己进行了多次补差，在考试时成绩自然不错。

按照规定，学生偷看试卷属于作弊行为。在上述案例中，这件事情发生在一位后进生身上，教师从中看到了转化后进生的机会，于是勇出奇招，反其道而行，故意让他偷看试卷，竟然如愿地实现了自己的计划。当学生特别是后进生偷看到试卷后，除了紧张还有惊喜，他会抓紧时间复习有关知识，其作用“等于对自己进行了多次补差”。这位教师正是看到了这一点才故意泄密，让这名后进生一而再、再而三地偷看试卷的。

除了上述这种教师偷偷地让后进生偷看试卷的做法外，甚至还有教师明目张胆地给后进生“泄露试题”。

案 例

我比较贪玩，第一次语文测验没有及格。奇怪的是老师没有批评我，只是说：“你很聪明，不应该考出这样的成绩。其实学语文并不难，只要你能掌握一些学习方法，并将课文中的一些重点段背下来就能考出不错的成绩。”说着他打开语文书翻到《从百草园到三味书屋》一课，指着其中描写如何捉小鸟的一段说：“比如这一段，动词用得很有特点，这样的段落应该记住。你回去把这一段背下来吧。”当时，我有些不解。

第二天的语文课上，老师突然说要进行单元测验。让我没想到的是，其中的一道题竟来自《从百草园到三味书屋》一课中描写如何捉小鸟那一段，要求填写所用的几个动词，我恍然大悟！我因完成得好而得到了老师的表扬。我很感激老师的宽容，很感谢老师的鼓励，由此喜欢上了语文。

故意给后进生泄露试题，后进生会对老师为了自己不怕违纪的做法心存感激，会认识到如果自己再不认真学习，就对不起老师的一番苦心。

如果说上述案例中的做法尚属于“局部泄密”，那么有一位语文老师的做法则属于“全部泄密”。我们都知道，如果试卷中出现新题型，后进生大多会十分紧张，这是因为后进生大多应变能力比较差。为了让后进生不怕考试，这位语文老师采用了“故意泄密”的计策，把试卷交给后进生，让后进生先睹为快，如果后进生遇到了不会的题目，马上给其讲解。第二天考试，后进生就会非常安心，因为他的紧张情绪早已在前一天充分的准备中消除了。当后进生消除考试恐惧后，教师再从“全部泄密”逐步减少为“局部泄密”，当然，最终目标是不用再泄密，此时，转化后进生的计划就成功了。

上述这种“故意泄密”，只限于教师和后进生之间的私下交流，需要教师为之保密。而在德国汉堡的一所知名理工大学，有一门公共选修的法律课，其教授竟然向全体学生公开“泄密”——历年考试都用同一套试题。也就是说，每个学生在考试前都会找一份去年的试卷做一下，只要智商不是太低，就能考及格，结果自愿选修这门课程的学生很多。为何要这样？该教授说出了原因：“为什么要开法律课？是希望学生对法律有个大致的了解。谁都知道法律枯燥无味，都不愿意选修法律课。可是，冲着这一成不变的考卷，他们选修了法律。选修了，总得去听课，在考试前，总得做一些准备。如果这份试卷的内容丰富全面，那在准备考试的过程中，学生就了解了一些法律的基本知识，这不就达到了学习的目的？既然达到了学习目的，当然就可以及格。”

我们都知道，考前一定要做好试卷的保密工作，而让学生事先知道题目的反常做法，在我们常人看来似乎是天方夜谭，却成为学生的“天天夜谈”，不能不说是一种有效促进学生主动学习的成功做法。

由此，考试不再是目的，而成了手段。其实在小学阶段，考试的功能更应该如此。如果因为考试让学生失去了学习的兴趣，考试也就失去了意义。如果教师把“考试”看成“试考”，我们就能理解上述案例中那位教授的做法了，学生特别是后进生也就不会把考试当作“拷”试或“烤”试而纠结了。我们不难想象这样的情景：学生一边考试一边偷着乐，而教授一边看考卷一边也偷着乐。这样的考试，估计不会再有后进生了，因为这样的考试让后进生也有了学习的后劲。那么，这样公开“泄密”的考试能否应用于小学呢？下面的案例会告诉你答案。

案例

我校在小升初毕业考试前夕，为了让学生巩固小学阶段的古诗文知识，进行了一系列过关测验。先进行完测验的班级的学生普遍反映试题太难，过关不易，一些后进生更是像泄了气的皮球。消息很快传到我的班级，学生特别是一些后进生，对即将到来的考试产生了恐惧。

怎么办？是和其他班级一样考，还是重想对策呢？我选择了后者。

测验当天，我拿着试卷走进教室，发现学生们的神情异常紧张。我发完试卷，告诉他们，过两天再考，教室里顿时响起了热烈的掌声。

一天后，我对学生特别是后进生的考前“预热”情况进行了调查。他们通过查阅资料、请教咨询“权威人士”，突破了试卷中的难点。我看时机已到，便在当天下午举行了考试。考试之后，后进生个个喜笑颜开，与一些学优生对着答案。

教师有时需要改变传统的做法和想法，让考试特别是平时的阶段性、诊断性考试从注重“考”转向注重“试”，以使后进生考出自信、考出后劲，只有这样，终结性考试时才能提高整体成绩。可以说，考试是指挥棒，有什么样的考试，就会有什么样的学生。

第34计 借贷分数

借给后进生分数，借给后进生自信

借钱，在日常生活中极为常见。借贷，在法律意义上是指由贷方与借方成立一项“借贷契约”，使借款人能够快速获得借款，渡过难关。出借人根据借款人身份评估风险，获得更安全的、更高的收益，其遵循安全性、流动性、效益性这一“三性”原则，也就是说出借人一般只会把款借给有前途并且有信用的人。

2006年11月23日《新民晚报》刊登了一件新鲜事：上海云台中学高三学生小陈（化名）在语文测验中考砸了。正当他沮丧万分时，想起老师开学时讲过的话：“平时上课表现和学习态度可为最终考试成绩加分。”半小时后，他从老师办公室出来，手里拿着“刷新”了分数的试卷：由58分变为61分。他成功地通过“申诉”让老师给自己加了3分。据悉，云台中学不少学生像小陈一样，通过“分数协商制”改变了自己的考试成绩。有的学生课外书看得多，有的学生课堂表现一贯积极，有的学生勇于给老师“纠错”……根据规定，这些都可以成为为自己“讨”分数的理由。

可以向老师“申诉”涨分数，学生一时后进，就不用再害怕了。不过，教师借给学生分数，并不是单纯为了分数好看，而是要趁机让学生尤其是后进生做到三个“明白”：一是明白试卷为何丢分，二是明白自己还没掌握的内容，三是明白今后该如何改进。这样才能让后进生发现自己的不足，最大限度地保证后进生能够“连本带利”地归还所借的分数。这种借贷分数的教育计策更适用于因粗心、无心等非智力因素导致的学习后进的学生。

例如，有一位学生考试只考了89分，后来他就向老师借了2分，并向老师保证自己会努力学习，改掉粗心的毛病，在下一次考试时把分数还清。结果在接下来的一次考试中，他得了93分，不仅还清了分数，更重要的是体验到了成功的快乐，重新获得了自信。

借分，对考试时容易紧张的学生而言，是一种很好的“缓释剂”。有些学生之所以考试紧张，是因为父母给予的压力太大。这些学生不想因为自己的一时失意而让父母失望。此时将分借给学生，既能获得学生的感激——好好学习，又能获得学生的回报——好成绩。

案 例

小刚数学成绩不太好，单元测验经常不及格。而父母对他的期望值很高，所以每次考不好，父母对他不是打就是骂。在重压之下，小刚很害怕考试，更讨厌那些不及格的分数。

期中考试那天，小刚很紧张，生怕考不好。越怕越紧张，特别是应用题，他一看见就心里发慌，不知从何处入手分析，更忘了怎么列式计算。你想，这能考得好吗？结果又考砸了。

小刚怕老师发试卷，更怕老师让父母签字。试卷还是发下来了，他得了57分，又不及格，看来回到家里，不是挨打就是挨骂了。怎么才能躲过这一劫呢？他想呀，想呀，终于想到一个办法——改分数。把“5”改成“8”，57分不就成87分了吗？这办法不错，老师不知，父母不知。可转念一想，老师、父母真那么好骗吗？一个新的念头在他脑中闪过——向老师借分数，就借3分，下次一定好好考，把不属于自己的3分再还给老师。这办法行吗？试试看，反正比挨打挨骂要好。

他忐忑不安地走进我的办公室：“老师，您能不能借给我3分，期末我再还给您。”我问：“下次能还上吗？”他忙说：“能！能！能！”我鼓励他：“只要你努力，把过去的漏洞补上，这3分我可以借给你，希望你期末能够考好。”

自从借分之后，他就有了学习劲头，上课专心听讲，有不懂的地方就及时问，成绩不断提高，考试也不怕了。期末考试，他数学考了86分，还3分后，还剩83分。

对那些因成绩不好而常常遭到家长责罚的学生，考试成绩出来后，教师应该知道这是关键时刻，不妨主动找他们谈话，问他们考多少分才能让家长“满意”，如果考分达不到家长的要求，需不需要借分，同时，教师应与他们签订保密合同。这样既能在一定程度上缓解后进生与家长之间的矛盾，也能激励后进生努力提高自身成绩，扭转后进的局面。

教师可以根据学生学习情况的不同，把分数“贷款”分为三种：一是“无息贷款”——借多少分下次就还多少分；二是“低息贷款”——下次的考试成绩要超过这次（含借给的分数）；三是“高息贷款”——要求下次的考试成绩要是这次考试成绩的倍数。

上述案例中，学生虽然有过改分数的想法，但最后并没有实施，也就没有成为思想的“差生”。如果这样的想法最后实施了，我们又该怎么办？还会把分数借给这样的学生吗？

案例

“老师，这道题你批错了！多扣了我 5 分！”我刚讲评完试卷，杨玫站了起来。她的小脸涨得通红，嘟着嘴巴说。“是吗？”我走过去仔细地看了一下，洁白的试卷上隐隐约约地透出修改的痕迹。我明白了。她的愿望是美好的，但获取成绩的方法是错误的。“现在老师帮其他人批卷子，你下课后到老师办公室去吧！”我不动声色地说。

下课后，杨玫跟我进了办公室。“这道题你原来是这么做的吗？”我注视着她。她低下了头，眼圈红了。看到她知道错了。我灵机一动，说：“老师多想看到你得优秀呀！可又不能把这 5 分送给你。借给你好吗？”“借？”她疑惑地望着我。“对呀！我可以把这 5 分借给你，但下次你必须还给我。”“真的吗？我可以借吗？”她的眼睛亮起来。“当然！”

此后，我看到杨玫上课更认真了，作业写得也更仔细了。

教育是一门艺术，它以热情和创造来引起人内心的激荡，激发出惊人的动力，并以最稳定的状态驻存在学生的内心世界。上述案例中，如果教师严厉批评这名学生，那学生必定不再有学习的后劲，虽然会改正错误，但必定对自己充满失望，那因一念之差而修改的痕迹给学生带来的伤害将会影响甚远。

苏霍姆林斯基说过："造成教育青少年的困难的最重要的原因，在于教育实践在他们面前以赤裸裸的形式进行，而处于这个年龄期的人，就其本性来说是不愿意感到有人在教育他们的。"借贷分数的教育计策，能变"赤裸裸"的教育为富有人情的关怀与鼓励，使学生在学习的时候更有目标，而且通过还分，可以培养学生诚信、进取的个性品质。

借分制只是教师促进教学的一种应对措施，它不是教育的目的，而是一种教育手段、一种教育策略。所有的学生考试时都无法避免失误，借贷分数与其说是给学生一个借分的机会，还不如说是给学生一个努力的机会。当然，教师应该更多地把分数借给那些能够努力向上、具有学习后劲而且只是一时后进的学生，对于懒惰的、总是只借不还的学生，教师应该谨慎借分。

为了监督学生的"还贷"情况，一位教师为每个学生都制作了"借贷偿还诚信档案"，如发现"有借无还"的情况，就及时向学生发出警告，不及时"还贷"的将撤销其"贷款"资格。也就是说，我们应该让学生清楚地认识到，想要真正"脱贫致富"，还得卧薪尝胆，勤学苦练。

案 例

放学铃响后，腾子鲸走进了齐老师的办公室。

"齐老师，我想求您一件事。"

"腾子鲸，你这次考试虽然有进步，但还是很粗心。如果细心点我想你肯定会考得更好。"齐老师看着腾子鲸的考卷，分析道，"说吧，有什么事?"

"我想让您……"腾子鲸看上去有点难以启齿，"帮我把分数改一下。"

齐老师颇为不解："为什么要改分数?"

腾子鲸低着头犹豫了很久，终于把他和爸爸打赌的事告诉了齐老师："我爸爸是个酒鬼，每天都喝很多酒，喝完酒就耍酒疯，砸东西。有一次，他甚至把我妈妈砸得头破血流。所以我跟他打赌，如果我这次的考试成绩能超过 90 分，他就少喝点儿酒。比 90 分多考几分，他就少喝几瓶酒。但是我考得比 90 分少……"

原来如此，齐老师爽快地借给了他 3 分。

借分，不仅可以教人，还可以"救"人，不仅可以救学生的一时之急，甚至还能救一个家庭，这或许是教师没想到的。

第35计 择邻而居

南朝时，有个叫吕僧珍的人，此人乃饱学之士，其家教极严，家风优良。同时期有个叫宋季雅的人，为了有个好邻居而四处打听。宋季雅从别人口中得知吕僧珍家是君子之家，家风极好，不禁大喜，于是出1100万钱的高价买下了吕家隔壁的房子。吕僧珍问宋季雅买这幢宅院花了多少钱。宋季雅据实回答，吕僧珍觉得太贵了。宋季雅笑了，说："不贵，100万钱是用来买房子的，1000万钱是用来买好邻居的。"宋季雅为什么不惜重金买好邻居？因为他懂得，好邻居是良师益友。

有一名社会心理学家在一所学校做了一个十分有趣的实验。他把学生的名字按字母顺序排列起来，然后按这个顺序安排教室座位和宿舍房间。六个月后，心理学家要求学生说出三个最亲近的伙伴的名字。他发现，学生的朋友都是在名字字母顺序上和自己相近的人，确切的数据是平均相差4.5个字母。该实验表明，在社会心理领域，存在着一种"邻里效应"。

在教育领域，同样存在"邻里效应"。在教室中，座位绝不仅仅是一个物理空间，无论是从学习还是从择友来说，学生对座位的感情都受到"邻里效应"的影响。学生多会与同桌或其他坐自己周围的同学关系较亲密，并会受其影响。

安排座位，有的教师喜欢从搞好男女生关系的角度出发，让男女生同桌；有的教师喜欢从班级管理角度出发安排男生与男生同桌，女生与女生同桌；有的教师会将一些调皮的后进生放到上课认真听讲的同学旁边，或者将其夹在异性包围圈中“隔离”起来——“当我站起来环顾四周才发现，周围全是女生。我这才意识到，原来老师是嫌我上课说话，让她们把我和那些朋友隔开!”

还有的教师干脆把一些后进生的座位安排到教室的后面，让他们孤零零地一个人一个座位，没有同桌，更没有“同”学。

案 例

杭州一名10岁的小学生，在学校上课期间耗时5个月在教室的墙上挖了一个深46厘米的洞。这个洞，该学生从5个月前因为成绩不好被指定坐在最后一排就开始挖了，这一排只有他一个人，老师不容易看到。从教室整个布局看，他像个掉队的士兵，被大部队远远甩开。他说，除了挖洞，“更多的时候很闷很闷，也没人说话，班里的同学都觉得我是特别的人，都不喜欢和我玩，小组活动时我也没有固定的小组”。

透过这个墙洞，我们可以直达这位学生脆弱的内心！5个月的无奈发泄，10岁的孩子就可以洞穿教室的厚墙，一百多天甚至更长时间的孤独与不快乐，又会怎样日复一日地刺伤他并不成熟的心智呢?

学生和同桌及邻里之间组成了一个较为核心的“微系统”，和教师组成了一个“中系统”，而和家长及社会又组成了一个较远的“宏系统”。这个“微系统”总体形成了学生座位的“氛围”，不同的“氛围”产生不同的情绪体验。勒温认为，个人的心理场与周围的环境及情境是不可分离的。

同伴学习是同桌最大的教育意义所在。俗话说“远亲不如近邻”，这是由空间上的接近引起的吸引。一般来说，地理位置接近的人较容易建立人际关系并逐步深化，心理学上称之为“接近吸引”。由此可见，后进生与谁同桌，是教师应该考虑的一个大问题，大体有以下几种搭配方式。

一是互补吸引搭配。互补吸引是指同学双方在个性、特点、习惯、气质、能力、成绩等方面因呈互相补充的状态而产生的吸引。教师可以让善解人意和粗枝大叶的学生、热心肠和沉默寡言的学生、关心集体和自私自利的学生、勤奋刻苦与只有三分钟热度的学生相互搭配，使先进学生能够影响后进学生。教师还可以让行为习惯差的学生与行为习惯好且控制能力强的学生搭配，理科成绩较差但文科成绩优秀的学生与理科成绩优秀但文科成绩较差的学生搭配。

二是才能吸引搭配。教师可以让后进生与一些有才华、有德行的学生同桌，使他们增进友谊，增长知识。有一位后进生就明显感受到了同桌的才华："我的字本来写得很丑，同桌的一手好字真让我羡慕。和他同桌，我不但写字有了很大进步，而且把上课爱讲话的毛病也改掉了。"

在实际操作中，教师一般都会想到让后进生与一些学优生同桌，然而有时候学习水平相差太大也未必是好事。知识层次和智力水平相差悬殊的两个同学如果坐在一起，可能会使"差"生因自卑而失去与"优"生平等交流的机会，或使其因压力过大而自暴自弃，甚至会影响"优"生的学习，形成"1+1<1"的负效应。

另外，教师除了要考虑后进生与谁同桌外，还要考虑后进生与谁相邻，也就是安排怎样的学生围绕在后进生周围。其中有一种做法是，将学优生、中等生、后进生按 1∶2∶1 的比例让前后两排座位的学生组建成四人学习小组，并注意学生性别、性格、兴趣等的差异（如下图），使其实现互帮互学。

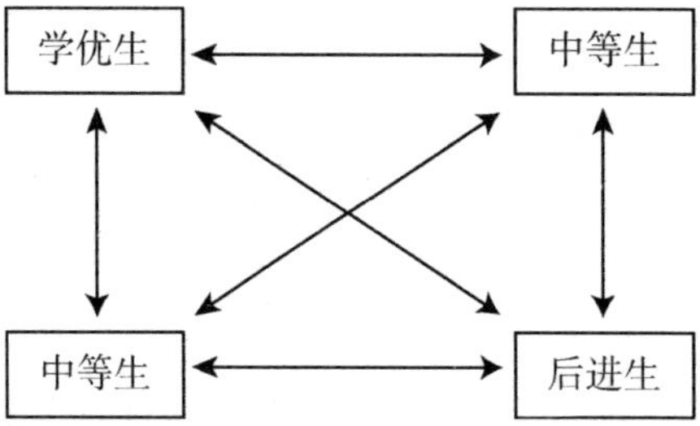

有研究表明，女性比男性更善于协作，有求同心理，而男性的判断力、竞争力强于女性。男女生组合和不同性格的学生组合有利于各种思维方式和性格特征的优势互补。

这样的座位安排对后进生和学优生来说，近距离交流的均为中等生，对中等生来说，近距离交流的是学优生和后进生，彼此认知模式有一定的差别但差别不大，思考和讨论问题时容易沟通，必要时转换成同桌讨论亦呈现此种状态。这里涉及"共情需要"。什么是共情呢？简单地说，就是希望朋友理解你、包容你，与你有一样的感受。外界的事物，其种类和情况与我们自身情况越相似，越能引发共情。例如，倒数第二的学生最能理解倒数第一的学生的痛苦，而第二名最能理解第一名的快乐。

让后进生与中等生同桌，遵循了相似吸引搭配的原则。人们都乐意与自己相似的人进行交往，建立和发展良好的人际关系。同学之间的相似经历、相似志趣、相似价值观、相似知识层次、相似智力水平等能使彼此在交往过程中对所交流的信息有相同或相似的理解，从而产生相同的情绪体验，相互吸引。所以，教师要尽量避免“优优相叠、劣劣相加”。我们都有这样的生活经验：打乒乓球或下棋，与对手的水平差距不大时，双方会越战越有劲；如果与对手的水平差距较大，则双方都会觉得索然无趣。在学习中，相对而言层次相差较小的后进生和中等生更有可能形成你追我赶的合作竞争局面，后进生有超越中等生的自信心——“每次考完试，我都抢过同桌的卷子来比一比成绩，可几乎每次都是我垂头丧气地把卷子还回去，因为他每次都比我考得好。但我不灰心，因为我们的差距越来越小。”

当然，这样的小组合作座位最好处于教室的“黄金区域”，使周围环境更有利于后进生产生学习的后劲。这是因为坐在后排的学生上课时虽然和前排的学生一样看黑板、看老师，但他们看不见前面发言同学的表情，看不到同学们的喜怒哀乐，察觉不到同学们的“发展变化”，会有一种旁观者的感觉，而坐在前排和中间的学生则可以回头或者扭头观察自己的同学，使自己置身其中，因而参与意识较强，学习的主动性也较强。

另外，在小组合作的安排上，还可采用组长轮流制，同时适当考虑小组成员轮换制，无论如何，学生多数还是喜欢换座位的，因为“换座位就是换一种心情”，换座位给人以新奇感，他们虽然都已习惯了换座位，但是每次换座位后，总是情态各异。一所中学的一个班级采取“对角递退”的方式换座位，即每两周按照斜角往后退一个座位，如由第一行第一列退到第二行第二列，依次往后退，以确保每个学生都能够在每个座位上都坐一次。这样换座位有一个弊端是学生周围的邻居变化不大，容易造成“一座定三年”的情况，同时教师失去了利用座位来发挥教育功能的作用。

当然，还有一种更开放的换座位方式就是教师尊重后进生自己的意愿，给后进生选择的权利。如果是单人课桌那就更方便了，可以根据需要，让其任意组合。

总之，如果教师能够按照后进生自己的意愿安排座位，或者把他们安排在“理想的座位”上，对他们而言，是一种精神上的鼓励，能使他们逐渐树立起自信。

把后进生与学优生『捆绑』在一起

大雁每年南飞过冬，长途跋涉鲜有失败，得益于团队意识。飞行中，大雁排成人字形能形成向上的风力，约能为随后的大雁节约71%的能耗。每个领头的大雁飞行一段路程后都会退到队伍最尾端，让后面的大雁顶上它的位置继续带队飞行。如果有大雁病了，会有两只大雁护送它暂时离开队伍，并帮助它疗伤，康复后，再形成一个小人字形寻找大队伍。

班级授课制的好处是能够使班级成为一个集体。如果每个学生都能做到心往一处想、劲往一处使，那么就能形成强大的班级凝聚力。学习也是这样，如果我们能够依靠集体的力量来帮助后进生，那么让后进生学习有后劲就不是梦想。

为了能让每一个后进生都能和中等生、学优生心连心、手拉手，我们一般会把他们分配到学习小组中，这样既能让每一个中等生、学优生都有一个帮扶对象，又能让小组之间形成竞争意识。

在教学中，小组活动大多为小组讨论或小组合作，然而有些教师不能很好地组织小组活动，导致后进生越来越缺乏后劲、越来越落后。例如，在小组交流时，我们经常看到这样的现象：有的小组学优生抢着说，导致后进生没听清；有的小组学优生自管自地说，导致后进生没听全；有的小组只有学优生说，中等生和后进生只是旁听者；有的小组虽然在轮流发言，但组员因为要凑过去才能看见发言学生的作业，所以只能看着自己的作业“听讲”……甚至像下面的案例那样，小组中的学优生、中等生还会“讨厌”一些虚心请教的后进生。

案 例

那天，我让学生分组交流15分钟，可以查阅资料，也可以互帮互助，看哪一组完成的质量高。学生马上行动起来。

可是当我看见一名成绩相对较差的学生拿着书要参与小组合作时，其中一名组员说："你没有任务，我们找到答案后告诉你。"另一名组员马上补了一句："对，反正他也不会做，给他分了任务，万一找错了我们组就落后了。"这名学生无声地退了回去。也许他早已习惯了这样的"待遇"，可我分明看到了他那失落的眼神，那眼神就像一把锋利的匕首，刺痛了我的心。

难道这就是我们期望中的小组合作吗？难道后进生就应该被组员歧视吗？难道教师能对这样的现象熟视无睹吗？这样的小组合作效果一定很差。在小组合作中，很多后进生参与意识不强、水平提高不大，甚至对小组合作学习产生麻木甚至抵触的心理，主要因为以下几个问题：一是后进生由于基础较差，不能积极参与小组合作，时间一长，不仅对学习没有促进作用，反而让他们成了"木偶人"；二是后进生会养成依赖的习惯，缺乏主见，缺乏独立思考的能力，这更加剧了两极分化；三是学习上遭受挫折后，消极的心理对后进生影响很大。

后进生的问题如果得不到有效的控制和解决，会对小组合作学习产生消极影响：学优生讨论得津津有味，后进生默默无语，为后面的人人参与设置了障碍，无异于恶性循环；后进生形成消极的近乎混日子的学习状态，不仅让他们自己越学越差，也会无形中影响其他学生，让小组合作很难有效而积极地开展下去。所以，要让后进生在小组合作中真正受益，教师必须提高学生小组交流的质量。

首先，我们必须让后进生看清讨论的材料。一般情况下，四个学生（包括学优生、中等生和后进生）组成一个学习小组时大多是围坐在一起的，最简单的做法就是前面座位的两个学生转过身来与后面座位的两个学生围成一组。面对面交流的不便是，当其中一个学生在交流自己的作业时，对面的学生只能倒着看他的作业，因倒着看而看得累，因看得累而听得累，因听得累而想得累，最终可能产生“你说你的、我想我的”的交流受阻现象。这种“只听不看”的小组交流，常使后进生不知所从。

鉴于这样的学习小组比较“小”，只有四位学生组成，教师可以让他们站成一排，并让后进生站在中间，这样就可以都看到交流学生的作业了。

我们还经常看到，当学生特别是后进生作为代表发言时，由于紧张或者害羞，他们不会自觉地考虑受众的需要，在交流时常常会把材料放在自己的面前，导致其他组员无法看清材料。

对此，教师应告诉发言学生把材料放在正前方离自己稍远一点儿的位置，让组员都能看到。当然，为了帮助发言学生讲解，教师可以为每组准备“白纸＋水彩笔”或者“小黑板＋粉笔”，让他能像老师那样边说边写，也便于组员看清和听懂。

教师除了要考虑学生小组交流时的站位，还要考虑小组交流时的顺序，尽可能让后进生受益。在交流过程中，大多数教师喜欢让学习比较好的学生担任主持人或主讲人。久而久之，小组交流就会变成学优生的舞台，后进生则成了“观众”，最终变成局外人，这容易掩盖教学的真实，因为没有小组各类学生特别是后进生参与的交流反映出来的信息是不真实和不全面的。

德国传播学家伊丽莎白·诺埃勒一诺依曼于20世纪70年代提出了一个“沉默的螺旋”理论：人们在与他人讨论某一问题时，如果听到自己赞同的观点，并且受到广泛欢迎，就会积极参与进来，这类观点进而被越发大胆地发表和扩散；而发觉某一观点无人或很少有人理会（有时会有群起而攻之的遭遇）时，即使自己赞同它，也会保持沉默。一方的沉默造成另一方意见的增势，如此循环往复，便形成一方的声音越来越强大，另一方越来越沉默下去的螺旋发展过程。在学习小组中，学优生的发言往往代表着正确和高明，很容易获得别人的赞同，于是发展成一种越来越强的声音，在这样的情形下，可能会吓得后进生想说也不敢说，怕自己的意见被别人笑话，于是越来越沉默。此时，看似是小组意见，其实代表的只是学优生的个人意见。要让小组交流不落入“沉默的螺旋”中，唯一的办法就是让后进生也能够发表意见，避免出现学优生“一言堂”的现象。

第一种做法是让学生轮流主持、发言。例如，教师可以给每个小组的四个学生随机编号为A、B、C、D，然后让学生轮流主持、发言，这样就有机会“花落”后进生。

第二种做法是让后进生优先发言。当学优生、中等生主持小组交流时，教师要引导他们把更多的发言机会优先给后进生，然后以后进生的发言为起点让其他组员进行接力发言；当后进生主持小组交流时，教师要引导学优生、中等生热情鼓励后进生并积极做出回应，帮助后进生主持完并主持好这次交流活动。

一位教师为了能让后进生有更多发言的机会，特意制订了向后进生倾斜的加分方案：学优生发言加分少，后进生发言加分多；后进生的发言质量适当放宽，重在鼓励后进生说清楚，鼓励他们敢于发表意见。如果是六人小组，按学习成绩和学习能力从高到低分别编为1～6号，几号成员回答问题满分便是几分，如1号回答满分为1分，2号回答满分为2分，3号回答满分为3分，4号回答满分为4分，5号回答满分为5分，6号回答满分为6分。

这种分级加分方式增强了后进生在组内的发言权重，确保了后进生在组内的发言地位，使小组成员不得不重视后进生的作用，由此便产生了很好的连锁反应：为了能让自己组多加分，学优生会推选后进生代表小组发言，为了能让后进生发好言，学优生会通过小组力量扶助他们，而后进生在小组集体的帮助下，也大多不再畏缩，会鼓足勇气发言。

第三种做法是让学生举手示意发言。为了避免组内学生抢说、乱说，教师可以在学生小组交流时引进举手制度，例如，用拳头表示反对、用拇指表示赞同、用手掌表示补充，这样主持的学生就可以根据需要安排发言的人员和发言的顺序，最大限度地保证发言的有序性和有效性。

一位教师总是在一节课的最后留出15分钟的作业时间，利用这个其他学生做练习的时间，将后进生重新编组，由教师担任该组组长，引导该组学生对本节课进行“二次学习”，点拨重点，解决困难。这样既可以提高后进生对本节课知识的掌握程度，又能调动他们在这一水平相当的组内交流的积极性，更能将原本各组存在的薄弱点集中解决，一举三得。

江苏凤凰教育出版社

《行知工程》系列丛书目录

系列	序号	书名	主编	定价
新思维系列	1	《让后进生学习有后劲之36计》	严育洪　黄荣德	30.00
	2	《教育中的“不一定”——打破教育的19种思维惯式》	严育洪	30.00
创新教学探索系列	3	《品世界名画，学精彩作文 ——特级教师的“名画”作文教学法》	李日芳	36.00
	4	《玩出精彩作文——张化万活动作文教学经典策略》	张化万	35.00
	5	《〈红楼梦〉里的语文课》	李日芳	30.00
	6	《让学生把母语用精彩——“语用课堂”的探索与实践》	佘小红	30.00
	7	《“备”出课堂精彩——备学式教学的课堂实践与思考》	张旭兰	30.00
	8	《神奇的阅读教室——带学生踏上美妙的阅读之旅》	李祖文	30.00
	9	《打造有生命力的课堂 ——“两步八环节”教学模式探索与实践》	查联智	30.00
	10	《最能培养学生探究能力的课堂 ——小学科学与信息技术单元整体课程实施与评价》	李怀源	30.00
	11	《最能激发学生运动天赋的课堂 ——小学体育单元整体课程实施与评价》	李怀源	30.00
	12	《最能提升学生艺术素养的课堂 ——小学艺术单元整体课程实施与评价》	李怀源	30.00
	13	《“生命语文”探索——焕发语文生命力的思考与实践》	王自成	30.00
	14	《粘连作文教学：让习作成为有个性的自我建构》	黄瑞夷	30.00
	15	《备学式教学——在体验中建构数学思维》	单广红　范雪梅	30.00
	16	《向着自主进发——自主教育的创新实施智慧》	朱亚红	30.00
	17	《写中学——让学习更有效的学科写作教学》	钟传祎	30.00
	18	《小学科学实验总动员——大科学课堂有效提升学生创新力》	江美华	30.00
	19	《小学语文单元整体课程实施与评价》	李怀源	30.00
	20	《小学英语单元整体课程实施与评价》	李怀源	30.00
	21	《小学数学单元整体课程实施与评价》	李怀源	30.00
	22	《让教学更能激发智慧——“思维碰撞”课堂的建构与实施》	程和方	30.00
教师修炼系列	23	《与学生一起成长——90后教师的心路反思》	王　晗	30.00
	24	《教育，爱与宽容——教师心灵礼仪修炼》	许力争	30.00
教育家核心思想系列	25	《叶圣陶论写作》	叶圣陶 著 李怀源 选编	30.00
	26	《叶圣陶谈阅读》	叶圣陶 著 李怀源 选编	30.00
	27	《多元智能理论的本土化应用》	刘治富	30.00
	28	《大教育家最具施教力的教学思想》	白刚勋	30.00

系列	序号	书　名	主编	定价
教育求索系列	29	《欣说教育那“一亩三分地”——一位一线教师的教育微思考》	王庆欣	30.00
	30	《爱的守望——一位一线教师对教育的坚守》	林卫红	30.00
	31	《思政教学的人文力量》	戴晓华	30.00
	32	《师道新说——给教育者的30条箴言》	徐　卫	30.00
学生心理解码系列	33	《在人生的春天播种——十四岁，写给青春的一封信》	白宏宽	30.00
	34	《孩子问题行为一点通——只有好老师才知道的学生心理谜底》	严育洪	30.00
校本研修系列	35	《徜徉语文教研》	肖俊宇	35.00
	36	《校本研修资源的开发与利用》	陈朝林	30.00
	37	《校本研修与教师专业成长》	吴积军	30.00
	38	《卓越教师经典研修成长策略》	刘天宝等	30.00
	39	《特色校本课程开发范例解读》	刘永平　李秀伟 张雪梅	30.00
	40	《高效校本研修模型构建艺术》	刘素雁	30.00
	41	《走向实践的教研——中小学教育科研引领与应用》	江　敏	30.00
名校系列	42	《让每个孩子都成志——清华附小主题阅读课程的实施探索》	窦桂梅	30.00
	43	《让每个孩子都成志——清华附小主题实践课程的实施探索》	窦桂梅	35.00
	44	《向着朝阳走去——清华附小合作办学实践探索》	窦桂梅	30.00
精彩课堂系列	45	《给孩子更好的数学课堂》	易增加	30.00
	46	《小学生阅读素养的提升策略》	邵巧治	35.00
	47	《从语文素养走向生命成长——小学语文读写课堂教学密码》	曾海玲	30.00
	48	《真实的品德课》	朱淑秀	30.00
	49	《英语课堂学习共同体——新型的师生交互学习场》	杨延从	30.00
	50	《指导自主学习——初中数学学与教的研究与实践》	刘其武	30.00
	51	《玩出精彩的课堂——小学低年级教与学方式转变研究》	陶红松	30.00
	52	《让生命之花自主绽放——语文个性化教学建构策略》	商德远	30.00
	53	《让学生亲历知识——主体参与下体验式学习的实施策略》	何世祥	30.00
教育思想者系列	54	《高效教学的道与术——陶继新教育讲演录》	陶继新	30.00
	55	《名校之道——陶继新对话名校长（1）》	陶继新	30.00
	56	《教育，一切从孩子出发》	黄　俭	30.00

系列	序号	书　　名	主编	定价
教育管理力系列	57	《缔造唯美教育——延奎小学素质教育实施策略》	易增加	30.00
	58	《让普通学校崛起的20个细节——“生命为本”教育团队成长密码》	李其玉	30.00
	59	《“走”出教育的精彩：走动式学校管理文化构建》	罗　军	30.00
	60	《校长兵法：学校管理四十六计》	皮大鹏	30.00
班级文化系列	61	《活力班级的文化建设》	胡　珏	30.00
	62	《做幸福的班主任》	吕　丽	26.00
高效能教学系列	63	《高效能教师的10个好习惯（中学卷）》	张　瑾	30.00
	64	《让作文落地生根——提高写作实效的教学策略》	黄桂林	30.00
	65	《高效能作文教学5项修炼》	陈步华	30.00
	66	《高效能校长的10个好习惯》	张　勤	30.00
	67	《高效能教师的10个好习惯（小学卷）》	谢　英	30.00
	68	《高效能语文教学5项修炼》	王其华	30.00
新课程探索系列	69	《语文新课程的批判与重建》	葛桂斌	30.00
美国名师教学译丛	70	《美国名师游戏教学本土化应用：幼儿园》	（美）玛西娅 L. 泰特 著 胡珍　瞿菁　编译	30.00
	71	《美国名师游戏教学本土化应用：小学英语》	（美）玛西娅 L. 泰特 著 杨永华　张心影　编译	30.00
	72	《美国名师游戏教学本土化应用：小学数学》	（美）玛西娅 L. 泰特 著 谢艳红　编译	30.00
	73	《美国名师游戏教学本土化应用：小学科学》	（美）玛西娅 L. 泰特 著 刘丽萍　编译	30.00
	74	《美国名师游戏教学本土化应用：小学社会》	（美）玛西娅 L. 泰特 著 姜梅芳　编译	30.00
	75	《美国名师游戏教学本土化应用：小学音体美》	（美）玛西娅 L. 泰特 著 尹立志　编译	30.00
鲁派名师名校·教育探索者系列	76	《悦读立人——校园阅读文化体系构建策略》	杨世臣	30.00
	77	《教育智慧何处来——一位特级教师的思考手记》	付立金	30.00
	78	《和雅文化——校本课程的创新构建》	汤善香	30.00
	79	《让个性绽放精彩——学校课程体系整合与创生》	谢建伟　徐淑萍	30.00
	80	《让每个学生都幸福——最能润泽生命的学校文化建设》	谢建伟　张新喜	30.00
生态化校园系列	81	《文化管理——构建生态和谐校园的必由之路》	付全新	30.00
	82	《点燃学习的激情——构建校园生态化学习型组织》	杨树岳	30.00
	83	《课改突围——构建学校生态化教学体系》	杨树岳	30.00

系列	序号	书　　名	主编	定价
教育新思考系列	84	《语文教育向何处去》	王　丛	26.00
	85	《教育，就是做好普通的事》	孙志毅	27.00
	86	《走出语文的偏见——让学生体悟文本的原义》	丛智芳	30.00
	87	《让语文教学更高效——批注式阅读教学探索》	韩中凌	30.00
	88	《读写互促——探寻学以致用的语文教学》	曹　龙	30.00
	89	《跳出数学教数学——用文化融通数学教学》	马建秀	27.00
名师感悟系列	90	《让心灵伴着歌声成长——22 位音乐名师的教育智慧》	陈　璞	30.00
	91	《超越自我的教师——32 位名师的成长感悟》	李卫东　李秀伟	35.00
	92	《心灵的守护者——19 位名班主任的教育智慧》	王晓松　曲文弘	30.00
	93	《名师感悟班主任有效工作艺术 90 例》	符礼科	30.00
	94	《名师感悟有效教学 90 例》	林高明　徐玉烟	30.00
信息化教学系列	95	《巧用白板教语文——信息技术与语文教学操作指南》	蒋丽清	30.00
	96	《跨越式实现高效课堂 ——信息技术与课程整合高效教学方案评析》	陈　玲　刘　禹	30.00
教师必读系列	97	《教师必学的 16 堂修养课》	武宏伟	30.00
	98	《教师不可不知的教学心理效应》	叶勇军	30.00
	99	《班主任不可不知的管理效应》	奚一琴	30.00
	100	《教师不可不知的教育心理效应》	孙　媛	30.00
	101	《校长不可不知的管理效应》	谢申刚　张金豹	30.00
	102	《成为好教师的 7 项修炼》	王福强　李维华	30.00
	103	《如何让学生会学习》	龙　冰	30.00
	104	《如何让学生爱学习》	周震宇　许小燕	30.00
核心教学主张系列	105	《新生代语文名师核心教学主张》	许友兰	30.00
行思讲坛系列	106	《灵动而朴素地教语文——潘文彬的微格教育生活》	潘文彬	30.00
	107	《师爱无疆——润泽学生心灵的教育故事》	侯忠彦	30.00
	108	《怎样反思更有效 ——促进教师专业发展的反思策略》	诸贝贝	30.00
	109	《成为高度自觉的教育者——写给后课标时代的数学教师》	许卫兵	30.00
	110	《哲思数学课》	刘全祥	30.00
	111	《智慧数学课——黄爱华教学思维的实践策略》	黄爱华	30.00

系列	序号	书　　名	主编	定价
行思讲坛系列	112	《童趣数学课》	徐　芳	30.00
	113	《把学生教聪明》	严育洪	30.00
	114	《教师最应该规避的教育误区》	杨坤道	30.00
	115	《用语文的方式教语文——潘文彬教学主张与实践智慧》	潘文彬	30.00
	116	《怎样让阅读教学更有效——提升教学能力的十种读诵模式》	汪秀梅	28.00
	117	《让生命在润泽中起舞——当代小学生最需要的主题班会》	吴联星　罗　琳 冯卫东	30.00
	118	《让生命欢快拔节——当代中学生最需要的主题班会》	冯卫东　吴联星	30.00
	119	《课堂因生成而精彩——高效教学的生成智慧》	张文质	30.00
	120	《回到每一个人的生命化教育——张文质二甲中学教育行动录》	张文质	30.00
中国教育变革之路丛书	121	《百年树人师何为——教师队伍建设困顿与出路》	将丽珠　李玉向	30.00
	122	《入园何时不再难——学前教育困惑与抉择》	曾晓东 范　昕　周　慧	30.00
	123	《三尺书桌何处寻——流动人口子女教育困难与破解》	范先佐	30.00
	124	《苦旅何以得纾解——高考改革困境与突破》	郑若玲	30.00
	125	《择校纠结何时了——择校问题困局与治理》	曾晓东　周文海 曾娅琴	30.00
创新教学思想系列	126	《“大问题”教学的形与神》	黄爱华　张文质	30.00
校长领导力系列	127	《高品质学校生长要素》	王益民	30.00
	128	《校长高校教学领导力提升策略》	徐世贵　郭文哥	30.00
教育漫笔系列	129	《课堂，诗意地栖居》	吴书华	30.00
教学提升系列	130	《有思想地教阅读——让学生学会品读文字真意》	王学东	30.00
教育艺术提升系列	131	《藏在师生体态语言里的教学智慧》	张　宇　廖生波	30.00

系列	序号	书名	主编	定价
教学全手册系列	132	《小学习作教学全手册》	郭家海	30.00
	133	《中学写作教学全手册》	郭家海	30.00
	134	《情境教学操作全手册》	冯卫东	35.00
	135	《合作教学操作全手册》	李春华	35.00
	136	《探究教学操作全手册》	周新桂	35.00
	137	《自主教学操作全手册》	诸葛彪	35.00
	138	《创新教学操作全手册》	王玮	35.00
	139	《班主任工作全手册》	刘沛华	35.00
	140	《新教师工作全手册》	周震宇	35.00
	141	《学生心理健康教育全手册》	刘海莉 刘春杰	35.00
	142	《高效教学操作全手册》	马友平	35.00
创新人才培养系列	143	《创新人才培养校园科普精品课程开发与指导——人大附中创新人才培养》	罗滨	30.00
	144	《创新人才培养特色校本课程开发与创新人才培养——清华附中“国际安全下的科学技术”课程构建与实施》	王殿军 方研 赵宏雁	30.00
	145	《创新人才培养：学校实验室建设与管理》	刘克文 杨发丽 杨平	30.00
	146	《创新人才培养：数学探究活动开发与指导》	马云朋 韩继伟	30.00
	147	《创新人才培养：化学研究活动开发与指导》	王磊	30.00
	148	《创新人才培养：物理探究活动开发与指导》	廖伯琴	30.00
	149	《创新人才培养：地理探究活动开发与指导》	张建珍 陈澄	30.00
	150	《创新人才培养：生物探究活动开发与指导》	张迎春	30.00
	151	《创新人才培养：理念探索与思维突破》	王晶莹	30.00
新生代通派名师系列	152	《简约数学教学》	许卫兵	30.00
	153	《语文教学的本真——情意课堂展现母语之美》	吴建英	30.00
	154	《语文课堂的理想追求——欢快达成三维目标》	董一红	30.00
	155	《阅读教学的真髓——意象构建读出文学的真美》	祝禧	30.00
	156	《美术教育的真谛——审美人生教育让生命绚丽成长》	陈铁梅	30.00
	157	《语文教学的理想境界——无痕教学润泽生命》	李凤	30.00
	158	《儿童作文的本义——嬉乐作文让儿童乐并成长着》	王笑梅	30.00
	159	《名师是怎样炼成的》	王建明 王笑君	35.00
幼师成长系列	160	《幼儿行为背后——教师如何读懂幼儿的心思》	吴亚英	30.00
	161	《最具教育力的22种幼儿教育思想》	杨达	30.00
	162	《幼儿教师必知的安全应急措施》	杨达	30.00
	163	《幼儿教师必备的教育技能》	李玲	30.00
	164	《卓越园长21条幼儿园管理策略》	周丹 江东秋	30.00